BIBLIOTHÈQUE GÉNÉRALE DE CINÉMATOGRAPHIE

TRAITÉ PRATIQUE

DE

CINÉMATOGRAPHIE

PAR

ERNEST COUSTET

TOME Ier

(Production des Images Cinématographiques.)

PARIS

Comptoir d'Édition de « Cinéma-Revue »

CHARLES-MENDEL

118 ET 118bis, RUE D'ASSAS, 118 ET 118bis

1913

TRAITÉ PRATIQUE

DE

CINÉMATOGRAPHIE

TOURS. — IMPRIMERIE DESLIS FRÈRES ET Cⁱᵉ.

TRAITÉ PRATIQUE

DE

CINÉMATOGRAPHIE

PAR

ERNEST COUSTET

TOME Ier

(Production des Images Cinématographiques.)

PARIS

Comptoir d'Édition de « Cinéma-Revue »

CHARLES-MENDEL

118 ET 118bis, RUE D'ASSAS, 118bis ET 118

1913

PRÉFACE

On trouverait difficilement, dans l'histoire des sciences, l'exemple d'un accueil comparable à celui qu'a reçu le cinématographe. Presque toujours, les découvertes même les plus fécondes ont la plus grande peine à vaincre l'indifférence des uns, l'hostilité des autres. Les premiers dédaignent le progrès par routine, les seconds le combattent par intérêt. La cinématographie avait à lutter contre les ennemis habituels de toute innovation, et son essor rapide, son triomphe incontesté ont déjoué les prévisions les plus optimistes. De simple curiosité scientifique qu'elle était à ses débuts, elle n'a pas tardé à devenir le spectacle le plus en vogue. Qu'un théâtre soit obligé de fermer ses portes, qu'un café-concert ne fasse plus ses frais : le film a vite fait de ramener les spectateurs à la salle désertée.

Le succès appelle le succès ; les capitaux ont afflué, de vastes entreprises se sont créées et continuent à s'étendre, des affaires colossales se traitent dans le monde entier, et des milliers d'artistes et d'ouvriers sont occupés à préparer des programmes incessamment renouvelés.

Cet engouement du public ne semble pas près de cesser. Il est clair, cependant, que pour le tenir en haleine, pour ne point lasser sa curiosité, pour satisfaire ses goûts devenus chaque jour plus exigeants, il ne suffirait pas de varier les sujets et d'apporter dans la composition des spectacles une ingéniosité toujours mieux avertie. Il faut encore s'imposer une technique de plus en plus parfaite, dans la prise des vues et dans leur projection. C'est dans ce but qu'a été écrit ce livre, où j'espère avoir réuni d'utiles indications.

A la vérité, la cinématographie n'est qu'une application de la photographie. Pourtant, elle a ses méthodes propres, qui nécessitent des installations spéciales, un outillage et certains tours de main particuliers : j'ai essayé d'en faire un exposé aussi clair que possible, sans étalage de vaines théories dont la plupart des lecteurs se soucient actuellement de moins en moins. Quant à l'histoire du cinématographe, je l'ai résumée aux faits essentiels et qui me semblaient de nature à faciliter la compréhension des principes fondamentaux sur lesquels sont basées l'analyse et la synthèse du mouvement.

Ces notions préliminaires une fois précisées, mon plan devenait bien simple, puisqu'il n'avait qu'à suivre les opérations diverses de la cinématographie, dans l'ordre même où elles se succèdent en réalité.

La première partie, qui occupe le présent volume, a pour objet la prise des vues cinématographiques. Elle comprend l'étude des surfaces sensibles et du matériel, l'agencement des ateliers et des laboratoires, la description des opérations qui conduisent à l'exécution des images destinées à la projection animée. Un dernier chapitre y est consacré à la couleur, dont la reproduction en cinématographie offre de grandes difficultés mais n'est pas insoluble, puisqu'il en existe déjà des solutions très curieuses et pleines d'avenir.

La seconde partie remplira un autre volume, où seront étudiées toutes les questions se rattachant à la projection des vues cinématographiques : installation des salles de spectacle, appareils d'éclairage et de déroulement des films, composition et exécution des programmes, projections en couleurs et projections parlantes.

Ces deux tomes formeront ainsi un Traité complet, quoique élémentaire et de lecture facile, qui s'adressera, non seulement aux techniciens de la cinématographie, mais aussi à quiconque s'intéresse aux progrès des sciences et de leurs applications.

TRAITÉ PRATIQUE

DE

CINÉMATOGRAPHIE

PREMIÈRE PARTIE

LA PRODUCTION DES IMAGES CINÉMATOGRAPHIQUES

CHAPITRE I

NOTIONS PRÉLIMINAIRES

Définition. — La cinématographie[1] est l'art de produire des tableaux animés par la vision successive, à intervalles très rapprochés, d'images représentant les différents aspects d'un ou plusieurs sujets en mouvement.

Elle comprend deux sortes d'opérations bien distinctes :

1° L'*analyse* du mouvement, la décomposition de ses phases successives, enregistrées actuellement par la photographie ;

2° La *synthèse* ou reconstitution du mouvement, réalisée le plus souvent par la projection amplifiée sur un écran des images dont se compose la scène animée.

Origine des tableaux animés. — On attribue généralement l'invention de la lanterne magique au Père Athanase Kircher, qui en donne effectivement une description dans son ouvrage *Ars magna lucis et umbræ*, publié à Rome en 1646 ; mais, en réalité, ses origines sont beaucoup plus lointaines. Outre que le principe en est énoncé dans les écrits de Roger Bacon, mort en 1294, il est reconnu

---

1. De κίνημα, mouvement, et γράφειν, écrire, tracer.

que les prêtres et les savants de l'antiquité égyptienne le connais-
saient et pratiquaient même, pour tromper la multitude, une sorte
de projection animée, analogue à celle du *fantascope*. On désignait
sous ce nom une lanterne magique montée sur quatre roues : en
l'éloignant de l'écran, l'image d'abord très petite s'amplifiait de

Fig. 1. — Tableau à mouvement continu.

plus en plus, si bien que le sujet représenté semblait s'approcher
des spectateurs jusqu'à les toucher. Cet artifice n'est donc pas dû
à Robertson, comme on l'a prétendu ; mais, si le physicien liégeois
n'a pas créé la fantasmagorie, il a eu le mérite de dévoiler un secret

Fig. 2. — Tableau à mouvement alternatif.

jusque-là gardé dans le but d'exploiter la crédulité, et d'en faire un
spectacle aussi attrayant qu'ingénieux.

La lanterne magique a permis aussi, et depuis très longtemps,
de donner l'illusion de certains mouvements simples, mouvements
circulaires ou mouvements de va-et-vient. Ainsi, pour représenter
un moulin à vent dont les ailes tournent (*fig.* 1), il suffit de peindre
les ailes sur un disque de verre indépendant et entouré d'un engre-

nage en relation avec une manivelle. Les superpositions de verres mobiles ont permis de combiner quantité de petites scènes animées, telles que la chute de la neige, des poissons nageant dans un aquarium, un ballon qui s'élève et traverse un paysage, un clown remuant les yeux, un rémouleur avec mouvement de la roue et du pied, etc. Toutefois, ces combinaisons rudimentaires cessent d'être applicables, dès qu'il s'agit de mouvements un peu plus compliqués ou ne donnent que des résultats incomplets. Ainsi, quand on fait jouer le sujet représenté figure 2, on voit bien deux aspects distincts, mais la transition est trop brusque et le geste trop saccadé : il faudrait, pour avoir réellement l'illusion d'un mouvement, apercevoir les attitudes intermédiaires.

Il semble même qu'une scène animée, qui se compose en réalité d'une infinité d'aspects différents, ne pourrait être exactement reconstituée qu'à l'aide d'une infinité de vues se succédant sans aucune discontinuité. S'il en était ainsi, le problème de la cinématographie serait pratiquement insoluble. En réalité, il n'en est rien, et une particularité physiologique de notre organe visuel permet de limiter la décomposition des scènes animées à quelques éléments par seconde, qui suffisent pour donner l'illusion complète de la réalité.

Persistance des impressions rétiniennes. — L'œil est comme un appareil photographique dont le cristallin serait l'objectif, et la rétine la plaque sensible. Les images qui viennent s'y peindre ne s'évanouissent pas instantanément, de sorte que plusieurs images successives peuvent s'y superposer et se confondre. Ainsi, la pluie qui tombe sous forme de grosses gouttes rondes semble former dans l'air de longs filets liquides ; les rayons d'une roue qui tourne rapidement cessent d'être visibles et semblent remplacés par un disque plus ou moins transparent ; une corde tendue, écartée et brusquement lâchée, exécute une suite de vibrations, mais ces déplacements alternatifs sont invisibles, et la corde semble avoir pris la forme d'un fuseau. Ces apparences tiennent à la persistance des impressions lumineuses que le nerf optique transmet de la rétine au cerveau.

La durée de cette persistance varie avec la sensibilité de l'œil et l'intensité de la lumière : pour un sujet peu éclairé, elle est seulement d'une fraction de seconde (1/15 en moyenne) ; tandis que si l'on regarde directement le soleil, on continue à voir son image pendant plusieurs secondes, même en fermant les yeux, et cette impression est assez vive pour empêcher de voir les autres objets.

Pour donner l'illusion d'un mouvement continu, il suffira donc de le décomposer en un nombre limité d'aspects qui, vus successivement et convenablement repérés, formeront une scène animée.

C'est sur ce principe que le physicien belge Plateau avait construit, au début du dix-neuvième siècle, le *phénakisticope*, composé de deux disques de carton fixés aux extrémités d'un axe horizontal. L'un des disques était noir et percé d'un certain nombre de fentes

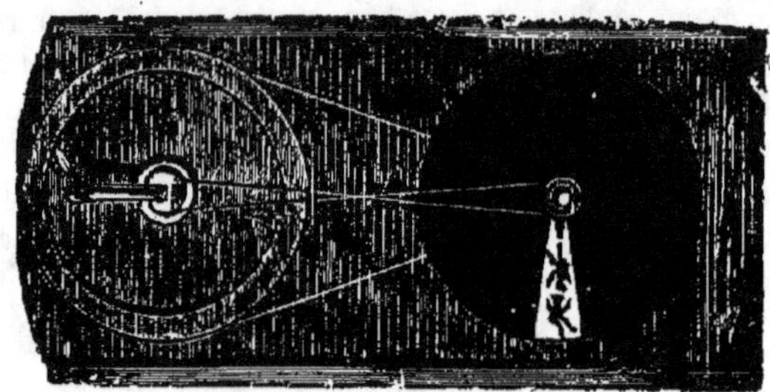

Fig. 3. — Phénakisticope.

étroites. En regard de chacune de ces fentes, le second disque montrait une image représentant l'une des phases d'un mouvement (*fig.* 3). Ce couple de disques tournant rapidement, l'œil placé devant les fentes avait l'illusion d'un mouvement réel. Ce jouet a été perfectionné, mais nous retrouvons l'application du même principe dans les appareils suivants.

Le *zootrope* est formé d'un cylindre ouvert à sa partie supérieure et posé sur un pivot vertical. Une bande de papier, sur laquelle sont dessinées treize attitudes différentes d'un même sujet, est placée à l'intérieur du cylindre, dont elle n'occupe que la moitié de la hauteur. L'autre moitié est percée de treize fentes verticales. On imprime au cylindre un mouvement de rotation, et l'on regarde l'intérieur à travers les fentes. On voit alors le sujet s'animer et exécuter certains gestes ou certains mouvements : ce sera, par exemple, un enfant jouant au ballon, un cheval sautant des obstacles, un couple de valseurs, etc.

Le *praxinoscope* consiste également en un cylindre tournant, mais sa hauteur est réduite à celle des images. Celles-ci se reflètent dans des miroirs disposés au centre de l'appareil, en nombre égal à celui des images. En dirigeant le regard vers les miroirs, le spectateur voit s'animer le sujet représenté sur la bande de papier. Cet appareil a pu être combiné avec une lanterne magique et réaliser ainsi des projections animées très rudimentaires.

Ces diverses dispositions ne permettent pas de reproduire des scènes bien variées. Les images représentent un mouvement décomposé en une douzaine de phases qui reviennent, toujours les mêmes, à chaque tour. Pour montrer des scènes plus longues et plus compliquées, il fallait imaginer d'autres dispositions ; mais il fallait surtout, pour en fixer d'abord exactement les aspects fugitifs, un moyen d'enregistrement plus rapide et plus sûr que le crayon du dessinateur. La photographie instantanée pouvait seule satisfaire aux conditions requises, et, de fait, nous allons voir la première des opérations cinématographiques réalisée dès les débuts de la *chronophotographie*.

Analyse du mouvement par la photographie. — Les premiers essais de chronophotographie (du grec χρόνος, temps, période) remontent à l'année 1878 et sont dus à Muybridge, de San-Francisco, dont les expériences furent très remarquées, malgré l'extrême complication de la méthode employée. Le sujet dont on voulait enregistrer les attitudes se déplaçait sur une piste le long de laquelle se trouvaient disposés, d'un côté un écran blanc exposé au soleil, et de l'autre une batterie de douze à trente chambres noires munies chacune d'un objectif à grande ouverture et d'un obturateur électrique. Chaque obturateur se trouvait déclanché par l'ouverture du circuit dont faisait partie un fil tendu en travers de la piste. A mesure que le sujet avançait en face des objectifs, les fils se brisaient successivement sur son passage, les obturateurs s'ouvraient au moment voulu et se refermaient aussitôt, de telle sorte qu'on obtenait une suite de clichés représentant les phases successives du mouvement à analyser. Sur chaque épreuve, le sujet se détachait en noir sur le fond blanc de l'écran. On avait donc, en réalité, non pas des images complètes, mais seulement des silhouettes figurant les différentes attitudes du coureur ou de l'animal soumis à l'expérience. Le matériel nécessaire à ces essais était encombrant, et l'emploi simultané de trente plaques au collodion exigeait un nombreux personnel : aussi les expériences de Muybridge coûtèrent-elles 300.000 francs.

En France, des travaux analogues furent entrepris par Marey, quelques années plus tard, avec le gélatino-bromure. Au début, Marey se servait d'un *fusil photographique :* un mécanisme à répétition permettait d'imprimer successivement douze images sur une plaque sensible accomplissant un mouvement de rotation en une seconde. L'impression de chaque image durait 1/720 de seconde. Pour opérer, on épaulait, on visait comme avec un fusil ordinaire, et l'on pressait la détente. L'inconvénient de cette combinaison était de limiter l'analyse à douze images, d'ailleurs très petites : aussi fut-elle bientôt remplacée par la suivante.

Une chambre noire montée sur quatre roues pouvait se déplacer le long d'une petite voie ferrée perpendiculaire à une piste. L'obturateur consistait en un grand disque percé de fenêtres équidistantes, animé d'un mouvement de rotation rapide. La plaque sensible se trouvait ainsi exposée un grand nombre de fois. Afin d'éviter le voile général qui en serait résulté, un fond rigoureusement noir faisait face à l'instrument. Ce fond était formé d'un large écran de velours noir protégé par un auvent qui le laissait complètement dans l'ombre, tandis que la piste était vivement éclairée. Le sujet se détachait ainsi en blanc sur fond noir et, à mesure qu'il se déplaçait le long de la piste, il était photographié un certain nombre de fois, sur la même plaque, en ses diverses attitudes.

Cette méthode n'était évidemment applicable qu'aux sujets qui se déplacent dans une direction perpendiculaire à l'axe optique. Pour les sujets qui s'approchent de l'objectif ou qui s'en éloignent, la décomposition de leurs mouvements ne peut être enregistrée que sur des surfaces sensibles rapidement substituées l'une à l'autre. A cet effet, plusieurs dispositifs avaient été imaginés par divers inventeurs, mais n'avaient pu être effectivement réalisés, parce que les émulsions n'étaient pas encore assez sensibles et qu'on ne connaissait aucun support transparent à la fois assez souple et assez résistant. Quand le celluloïd put être fabriqué à l'état de rubans parfaitement homogènes et diaphanes, et quand le gélatino-bromure eut acquis la sensibilité suffisante pour se prêter à la photographie instantanée même à une assez faible lumière, on peut dire que dès ce moment la cinématographie était créée, parce qu'on en

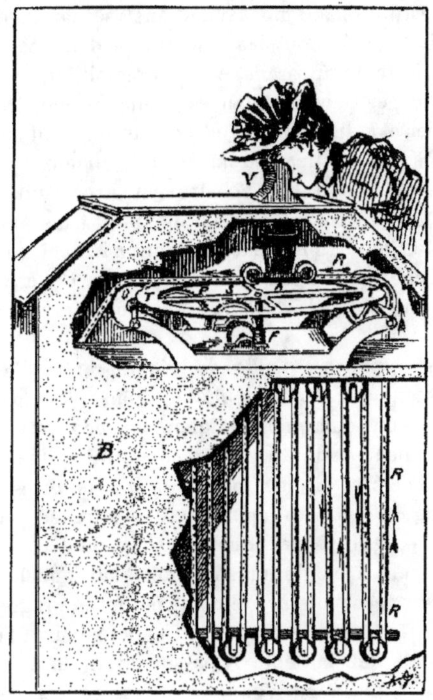

Fig. 4. — Kinétoscope.

connaissait déjà le principe et que les moyens de la mettre en pratique avaient été indiqués depuis longtemps.

En 1892, Edison construisait le *kinétographe* (de κινητός, mû). C'était une chambre noire à l'intérieur de laquelle une longue pellicule sensible se déroulait au foyer d'un objectif périodiquement démasqué par un obturateur très rapide. La pellicule développée et fixée servait à obtenir une suite de petits diapositifs également disposés le long d'un ruban transparent.

Synthèse des mouvements analysés par la photographie. — Muybridge, qui avait inauguré la chronophotographie, fut aussi l'initiateur de la projection animée. En 1882, il réalisait pour la première fois la reconstitution du mouvement analysé par la photographie. Il mettait bout à bout les instantanés d'une course de cheval saisie par ses trente appareils, et les projetait à travers une sorte de phénakisticope. Dans des séances publiques données chez le peintre Meissonier et à l'École des Beaux-Arts, on avait ainsi vu courir sur l'écran des silhouettes d'hommes et d'animaux.

Peu après, Anschutz, de Lissa, construisait, avec l'aide de la maison Siemens, des zootropes photographiques dans lesquels chaque image était éclairée seulement pendant un instant extrêmement court, lorsqu'elle passait dans le champ visuel. Cet éclairage intermittent était produit par la décharge électrique traversant un tube de Geissler.

Les photocopies obtenues à l'aide du kinétographe d'Edison reconstituaient la scène que l'on avait photographiée, lorsqu'on les faisait passer derrière un oculaire périodiquement découvert par un obturateur. L'instrument destiné à cette reconstitution du mouvement portait le non de *kinétoscope*. Chaque image étant très petite (2 centimètres de côté), l'observation s'effectuait à travers un oculaire grossissant. La figure 4 met sous les yeux du lecteur une coupe de kinétoscope. La bande transparente R sur laquelle sont imprimées les images reçoit un mouvement continu de progression du galet P relié à un moteur électrique, qui actionne aussi l'obturateur T. Chaque fois que la fente A passe devant la pellicule, l'œil de l'observateur placé en V aperçoit l'image éclairée par transparence au moyen d'une lampe à incandescence et amplifiée par la loupe contenue dans le tube V.

Invention du cinématographe. — L'inconvénient du kinétographe et du kinétoscope, c'est le mouvement ininterrompu de la pellicule négative et de la pellicule positive. Pour que dans ces conditions le déplacement de la bande demeure insensible, il faut que la durée de visibilité de chaque image soit extrêmement courte,

environ 1/7000 de seconde ; et, pour que les images paraissent se
succéder sans interruption, il faut en faire passer un très grand
nombre, au moins trente par seconde. Il en résulte des temps de
pose excluant la possibilité de reproduire les scènes qui ne sont
pas très vivement éclairées, et la nécessité d'employer des bandes
de longueur démesurée.

FIG. 5. — Cinématographe Lumière (vue extérieure).

Ces défauts ont été évités, en donnant à la pellicule un mouvement saccadé et en ne la démasquant que lorsqu'elle est immobilisée. Il suffit alors, pour procurer une sensation lumineuse continue, grâce à la persistance des impressions rétiniennes, de faire
passer quinze images par seconde. Cette disposition avait été utili-
sée d'abord par Marey et Demeny. « Je me servis, écrit le premier,
des bandes ou pellicules transparentes sur lesquelles j'avais obtenu

l'analyse du mouvement ; je les fis passer dans un chronophotographe projecteur où elles étaient entraînées par des rouleaux mais où certains organes les arrêtaient assez longtemps pour qu'elles reçussent, par derrière, un éclairement suffisant. »

En 1894, M. Gaumont construisait, sous les noms de *biographe* et de *bioscope*, l'un pour l'analyse et l'autre pour la synthèse du

Fig. 6. — Cinématographe Lumière (vue intérieure).

mouvement, les appareils imaginés par M. Demeny. Le biographe exécutait une suite continue de 80 images et même davantage, avec une vitesse de 8 à 20 images par seconde, et le bioscope reconstituait la scène photographiée, en montrant successivement toutes ces images amplifiées par une lanterne de projections.

L'année suivante, MM. Auguste et Louis Lumière montraient les premières projections animées de longueur presque illimitée, obtenues à l'aide de leur *cinématographe*. Dans cet appareil (*fig.* 5

et 6) qui est utilisé tour à tour pour la production et pour la projection des images, chaque période, correspondant à la prise ou à la vue d'une image, a une durée de 1/15 de seconde. La pellicule reste immobile pendant 2/45 de seconde et emploie à se déplacer le dernier 1/45. Pendant la phase d'immobilité, l'objectif est ouvert ; pendant la phase de déplacement, la lumière est au contraire interceptée par un secteur plein qui tourne devant l'objectif.

Depuis lors, les constructeurs de cinématographes ont proposé d'innombrables variantes aux dispositions primitives; le mécanisme d'entraînement de la bande, notamment, a fait l'objet d'une foule de brevets. Cependant, le principe du mouvement interrompu pendant l'admission de la lumière a été conservé.

Actuellement, l'appareil qui sert à la prise des vues est presque toujours différent de celui qu'on utilise dans les projections.

CHAPITRE II

LE FILM

Film cinématographique. — Le mot *film*, emprunté à l'anglais, signifie *pellicule*, *membrane*. En cinématographie, il sert à désigner les bandes minces, transparentes et souples, préalablement recouvertes de gélatino-bromure d'argent et sur lesquelles sont imprimées par la photographie les images destinées aux projections animées. Le support de la couche sensible doit être à la fois flexible et résistant, parfaitement diaphane et homogène, sans stries ni bulles, qui, amplifiées à la projection, produiraient un effet choquant. Il faut aussi qu'il reste inaltéré dans les bains de développement, de fixage, de renforcement ou d'affaiblissement, et qu'il ne subisse pas, à la dessiccation, une trop forte contraction. En outre, comme le film positif doit passer, pendant la projection, devant une source de lumière intense et très chaude, il devrait, autant que possible, être constitué par une matière ininflammable ou du moins peu inflammable. Sous ce dernier rapport, le celluloïd est une des substances qui conviennent le moins, car il prend feu très aisément, soit au contact d'une flamme, soit sous l'influence d'une élévation de température, et peut même détoner sous le choc d'un marteau. Et, quand il s'est enflammé, il brûle si rapidement, avec une flamme si vive, qu'il est à peu près impossible de l'éteindre. Malgré ce défaut et les graves accidents qui en sont résultés, le celluloïd est actuellement employé à la préparation des films cinématographiques, à l'exclusion de presque toutes les autres matières, parce qu'il satisfait mieux que tout autre aux conditions de transparence, d'élasticité, de résistance, d'inaltérabilité, etc.

Fabrication du celluloïd. — Le celluloïd est un collodion additionné de camphre. Le collodion est une dissolution, dans un mélange d'alcool et d'éther, de nitrocellulose obtenue en traitant la cellulose (du coton, par exemple) par l'acide azotique additionné d'acide sulfurique. Le celluloïd se dissout, soit dans un mélange d'alcool et d'éther, soit dans l'acétone. On obtient ainsi un liquide sirupeux qui, étendu en couché mince, laisse par évaporation une pellicule transparente, souple et suffisamment résistante.

Afin de rendre le celluloïd moins inflammable, on a cherché à y incorporer des produits ignifuges ; mais ces additions sont inefficaces ou donnent des produits moins transparents, cassants et facilement altérables.

Une meilleure solution est fournie par les acéto-celluloses qui, ne contenant pas d'éléments nitrés, brûlent lentement comme du papier et ne s'enflamment pas à proximité des lampes de projections. Les acéto-celluloses furent obtenues pour la première fois par Schutzenberg et Naudin en faisant agir l'anhydride acétique sur la cellulose ; mais c'étaient des produits amorphes impropres à la cinématographie.

Actuellement, plusieurs procédés permettent de fabriquer des feuilles transparentes et souples d'acéto-cellulose, que l'on emploie à la préparation des films. On les utilise même à l'exclusion de toute autre matière, en Russie, où il est maintenant défendu de faire usage de films à base de celluloïd.

Les films sur acéto-cellulose que l'on trouve dans le commerce valent presque les films sur celluloïd, lorsqu'ils sont neufs. Mais, peu à peu, ils perdent leur souplesse, deviennent de plus en plus cassants, et sont hors d'usage au bout de quelques mois. Ce défaut, cependant, a pu être notablement atténué, ces temps derniers, et il est vraisemblable que des perfectionnements progressifs permettront de le supprimer tout à fait.

Le jour où le cinéma pourra sans inconvénient se passer de celluloïd inflammable, un très grand progrès sera réalisé.

Préparation des films. — Le celluloïd est généralement composé du mélange suivant :

Alcool méthylique......................	5 litres
Ether ordinaire......................	$6^l,5$
Octonitrocellulose à 11,5 ou 12 0/0 d'azote...	130 grammes
Camphre..............................	15 —

On y ajoute d'ordinaire 2 grammes d'huile de ricin, pour donner plus de souplesse aux pellicules. On filtre la solution, et on distille, jusqu'à perte d'environ 1/5 du volume, afin d'éliminer les moindres traces d'air en dissolution, qui formeraient des bulles dans la pellicule.

Quant aux acéto-celluloses, elles sont dissoutes dans l'acétone et divers hydrocarbures chlorés : il existe, à cet effet, de nombreuses formules, tenues secrètes par les fabricants, et comportant l'emploi de plusieurs solvants associés en proportions diverses.

La solution de celluloïd ou d'acéto-cellulose est versée dans un récipient au fond duquel est pratiquée une fente, d'où le liquide coule et s'étale sur une bande sans fin de cuivre nickelé, semblable à une large courroie. Après un parcours suffisamment long pour assurer la dessiccation, la pellicule est séparée du support métallique et enroulée sur une bobine. Sa largeur est suffisante pour fournir, par découpage dans le sens de la longueur, une douzaine de films.

On fabrique actuellement plus de 300.000 mètres de films par jour, ce qui représente une valeur dépassant 100.000 francs.

Avant de recevoir l'émulsion au gélatino-bromure d'argent, la surface pelliculaire doit subir un apprêt, sans lequel la couche sensible se décollerait en séchant. On a proposé de dépolir le film, la transparence se trouvant ensuite rétablie par l'adhérence de la gélatine, dont l'indice de réfraction diffère peu de celui du celluloïd. Le plus souvent, l'adhérence est obtenue, soit en enduisant le film d'une sorte de colle, soit en ramollissant sa surface au moyen d'un dissolvant qu'on y passe en très petite quantité.

L'émulsion est ordinairement coulée sur la large pellicule non encore découpée. Cependant, les fabricants tendent actuellement à ne sensibiliser les pellicules que complètement ouvrées, c'est-à-dire découpées à la largeur voulue, et même perforées. On travaille ainsi davantage en pleine lumière, ce qui est plus commode, et l'on économise de l'argent, en évitant la perte de l'émulsion coulée sur les bords perforés.

Dimensions des films. — Afin de rendre interchangeables tous les films et tous les appareils, une entente est intervenue entre tous les fabricants, qui se sont mis d'accord sur les dimensions des films et sur le pas de perforations. L'épaisseur des films, y compris la couche de gélatine, est de 11 à 16 centièmes de millimètre ; leur largeur, de 35 millimètres.

Les images cinématographiques ont environ 24 millimètres de largeur et 18 millimètres de hauteur. Chaque image est séparée de la suivante par un intervalle de 1 millimètre. Sur chacun des côtés, près des bords, une bande large de 5 millimètres et demi est réservée à la perforation.

Perforation. — Pour assurer la fixité des projections, il faut que les images qui se succèdent sur l'écran soient exactement repé-rées, de telle sorte que le même point d'un objet immobile se dessine toujours au même endroit. La concordance nécessaire est obtenue à l'aide de trous percés à distances régulières sur les bords de la pellicule et dans lesquels pénètrent des dents disposées autour des rouleaux entraîneurs. La perforation évite tout glissement, ainsi que le défaut de concordance qui résulterait du rétrécissement que subit peu à peu le celluloïd.

Les dents des rouleaux entraîneurs sont séparées les unes des autres par des intervalles légèrement inférieurs à l'écartement normal des perforations, de manière à permettre l'utilisation des films rétrécis. Les films neufs s'y adaptent d'ailleurs très bien, en prenant automatiquement une légère courbure. Le pas normal de perforation, c'est-à-dire la distance qui sépare les centres de deux images consécutives, est de 19 millimètres. Cependant, les films dont le pas est de $18^{mm},75$ passent parfaitement sur tous les appareils.

Il existe deux sortes de perforations : la *perforation Lumière*, caractérisée par un seul trou circulaire pour chaque image, et la *perforation Édison*, ou perforation *universelle*, à quatre trous rectangulaires par image. La première assure une fixité parfaite aux images projetées. De plus, en raison de leur forme circulaire, les trous ne se dégradent que difficilement. La perforation universelle, sans avoir la précision de la précédente, permet de se servir successivement des quatre séries de trous et de compenser ainsi en partie l'usure plus rapide qui résulte de leur forme rectangulaire.

La perforation est effectuée par des machines spéciales. Dans le modèle actuellement en usage dans les principales usines cinématographiques, le film est d'abord enroulé sur une bobine, passe sous des poinçons, puis, une fois perforé, est enroulé sur une autre bobine.

Le mouvement de progression est réglé par une crémaillère qui fait avancer la pellicule de la quantité voulue après chaque perforation.

Pendant la perforation, des poussières de celluloïd et de gélatine se déposent sur le film. Il faut évidemment les enlever, et l'on a construit dans ce but des machines à brosser. Mais, le frottement ainsi produit sur l'émulsion détermine une électrisation d'où résulte parfois un voile qui grise les images. C'est un motif de plus pour effectuer la perforation avant l'étendage de l'émulsion.

Emballage et essai. — Les films sont vendus en bobines de 50 à 120 mètres de longueur, enveloppés de papier noir et de papier d'étain, et enfermés dans des boîtes en fer-blanc dont le couvercle est entouré d'une étiquette de garantie.

Avant d'employer un film, il est utile de s'assurer que l'émulsion n'en est pas voilée par des effluves résultant de l'électrisation par frottement. Pour cela, il suffit d'en couper un petit morceau et de le plonger dans un bain de développement, qui décèle le voile et les rayures.

CHAPITRE III

APPAREILS CINÉMATOGRAPHIQUES

Organes essentiels. — L'appareil qui sert à prendre les vues cinématographiques se compose, comme tout appareil photographique utilisant des pellicules, d'une chambre noire, d'un objectif, d'un dispositif de mise au point, d'un obturateur, d'un viseur, de magasins contenant les films et d'un mécanisme pour le remplacement des surfaces déjà impressionnées, le tout monté sur un support. Ces divers organes ont reçu des constructeurs des dispositions très nombreuses, dont il suffira de connaître les plus importantes.

Chambre noire. — Malgré les petites dimensions des images cinématographiques, l'appareil qui sert à la prise des vues est relativement volumineux, parce qu'il contient le mécanisme d'entraînement et souvent les magasins ou *débiteurs* dans lesquels le film est enroulé, soit avant, soit après la pose. Dans certains modèles cependant, les magasins sont amovibles et ne s'adaptent à la chambre qu'au moment de la pose, ce qui facilite le transport. Le film pénètre dans la chambre noire par une fente étroite garnie de velours, de manière à empêcher complètement la lumière de pénétrer ; c'est là une mesure de sécurité indispensable, mais qui n'est pas exempte d'inconvénients : la poussière se dépose sur le velours, le film la recueille au passage, et chaque grain de poussière déposé sur l'émulsion se traduit par un petit point blanc sur le négatif, un petit point noir sur le positif et une grande tache à la projection. De plus, le frottement du film contre le velours provoque une électrisation et des effluves d'où résultent des clichés voilés. On évite les poussières par un entretien attentif des bourrelets de velours, qu'il faut fréquemment brosser ; mais il est très difficile d'éviter les effets de l'électrisation : le moyen le plus simple est d'entretenir une légère humidité à l'intérieur des magasins et de la chambre noire.

La mise au point s'effectue, soit en déplaçant par le jeu d'une crémaillère la platine sur laquelle est monté l'objectif, soit en adaptant l'objectif à une monture hélicoïdale (*fig.* 7). Pour le réglage de la mise au point, l'appareil est généralement muni d'un verre dépoli ; cependant la tendance actuelle est au réglage par évaluation de la distance : à cet effet, une graduation est marquée soit sur un cadran dont l'index est relié à la platine porte-objectif, soit sur la monture hélicoïdale.

Fig. 7. — Objectif à monture hélicoïdale.

La boîte est construite en bois aussi sec que possible, verni ou recouvert de cuir. Des portes parfaitement étanches à la lumière s'ouvrent pour le chargement ou le remplacement des magasins, ainsi que pour la vérification ou le nettoyage du mécanisme d'entraînement, le réglage de l'obturateur, etc.

Objectif. — La cinématographie exige l'emploi d'objectifs susceptibles de donner des images très fines à grande ouverture. La luminosité est une condition essentielle, car l'exposition de chaque image ne doit pas durer plus de 1/30 de seconde, même dans les circonstances d'éclairage les plus défavorables. Il faut donc avoir la possibilité de se passer de diaphragmes, sans cependant sacrifier la netteté, car le moindre défaut des images s'exagère à la projection.

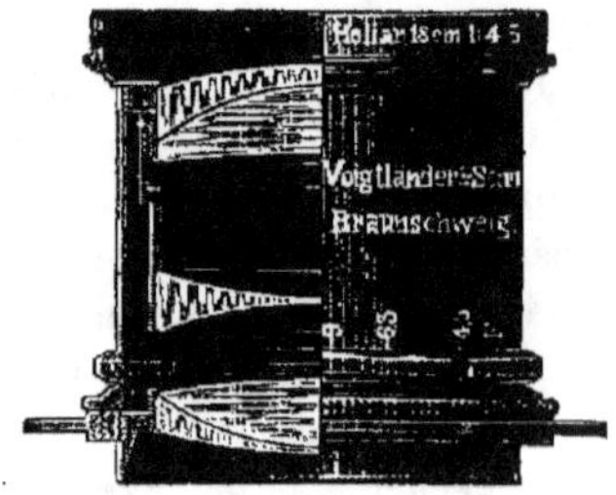

Fig. 8. — Heliar.

Il suit de là que les anastigmats sont les seuls objectifs applicables à la cinématographie : l'aplanat n'est pas assez rapide, et la combinaison de Petzval, excellente pour le portrait, ne donne pas des images suffisamment homogènes et fines.

Pour les vues prises en plein air, par une belle lumière, la plupart des anastigmats actuellement dans le commerce conviennent parfaitement. Mais, quand l'éclairage est restreint, il est nécessaire de recourir aux instruments à très grande ouverture, tels que l'*Heliar*, de Voigtländer, qui donne d'excellentes images à l'ouverture de F : 4, 5, et le *Tessar* F : 3, 5 de Zeiss-Krauss (*fig.* 8 et 9).

On emploie le plus souvent des objectifs dont le foyer est de 5 centimètres, soit deux fois le grand côté de l'image, afin d'éviter la disproportion entre les premiers plans et les fonds. C'est seulement quand on manque de recul qu'on utilise les courts foyers (3 à 4 centimètres). Si, au contraire, il faut prendre des sujets très éloignés, on se sert

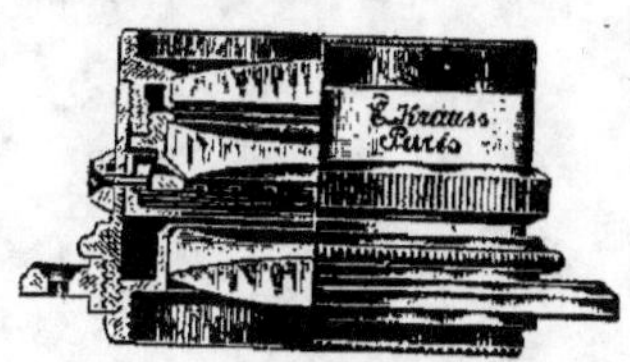

FIG. 9. — Tessar.

d'objectifs à très long foyer (15 et même 20 centimètres) et, comme ces instruments couvrent un champ bien supérieur au format cinématographique, il est indispensable d'arrêter par un cadre en métal noirci les rayons marginaux qui, en se reflétant sur les parois de l'appareil, provoqueraient un voile. Quant au téléobjectif, il n'en existe jusqu'à présent aucun modèle assez lumineux pour être pratiquement applicable à la cinématographie.

L'objectif doit être muni d'un prolongement ou *parasoleil* permettant de travailler à contre-jour sans crainte de halo.

Obturateur. — L'obturateur de cinématographe est généralement constitué par deux secteurs légers, en carton ou en métal mince, qui peuvent se recouvrir plus ou moins complètement, de manière à faire varier la durée d'admission de la lumière, sans modifier la vitesse de rotation de l'axe qui les porte. Cet axe est, en effet, solidaire du mécanisme d'entraînement du film, commandé par une manivelle extérieure. L'opérateur doit faire tourner cette manivelle, pendant la prise des vues, très régulièrement, à raison de deux tours par seconde environ. L'arbre de la manivelle est lié par un engrenage à l'axe de l'obturateur de telle sorte que, pendant que le premier fait 1 tour, le second en fait 8. L'obturateur admet donc la lumière 16 fois par seconde, au moment précis où la pellicule se trouve immobilisée, et la durée d'admission dépend uniquement du recouvrement plus ou moins complet des deux secteurs opaques.

Ainsi, à la vitesse normale de 16 images par seconde, si les secteurs se recouvrent de manière à n'occuper qu'un demi-cercle, le temps de pose sera d'environ 1/30 de seconde. Mais, si le secteur

Fig. 10. — Obturateur.

mobile est déplacé, de telle sorte que la surface opaque soit plus étendue et l'ouverture plus réduite, la durée de l'exposition sera plus courte :

OUVERTURE	EXPOSITION
1/4 de cercle	1/64 de seconde
1/8 —	1/128 —
1/16 —	1/256 —
1/32 —	1/512 —

Magasins. — La chambre noire communique, par deux fentes juste assez larges pour laisser passer le film, avec deux boîtes ou magasins dans lesquels est enroulée la pellicule avant ou après l'exposition au foyer de l'objectif. Le magasin qui contient la pelli-

cule non impressionnée porte le nom de *débiteur ;* celui dans lequel
elle passe après la pose est le *récepteur*. L'axe autour duquel est
recueillie la pellicule reçoit un mouvement de rotation de la manivelle que tourne l'opérateur; mais les deux axes ne sont pas liés

Fig. 11. — Appareil cinématographique Pathé à magasins intérieurs.

entre eux par une transmission rigide : il faut en effet qu'il y ait un
certain jeu, le diamètre de la bobine réceptrice augmentant à
mesure qu'augmente la longueur de film enroulé. Le mouvement
est donc transmis, soit par une courroie peu tendue, de manière à
permettre un léger patinage, soit par deux axes concentriques pouvant glisser l'un dans l'autre.

Il faut remarquer que dans la plupart des appareils de prise de vues le magasin débiteur est susceptible de devenir récepteur, et réciproquement. Cette interversion est d'ailleurs nécessaire, lorsqu'on a à prendre des vues à rebours, par la marche arrière, comme nous l'expliquerons au chapitre v.

Les fentes par lesquelles passe le film sont garnies de velours; de

Fig. 12. — Boîtes-magasins de l'appareil Lumière.

plus, un petit rouleau, disposé de chaque côté de la fente, presse le velours contre la pellicule, de manière à empêcher complètement l'accès de la lumière.

Les magasins sont généralement assez grands pour contenir plus de 400 mètres de film. Du reste, leur disposition varie suivant les constructeurs. Tantôt ils sont placés à l'intérieur de la boîte constituant la chambre noire (*fig.* 11), tantôt ils s'adaptent à l'une des parois extérieures et peuvent en être facilement séparés pour la commodité du transport (*fig.* 24). Dans le cinématographe Lumière (*fig.* 12), le magasin débiteur CC′ est extérieur et amovible, tandis que la boîte réceptrice, dont on aperçoit le couvercle demi-cylindrique ouvert, est fixée à l'intérieur de la chambre. Nous décrirons succinctement les dispositions adoptées par les inventeurs de cet appareil-type.

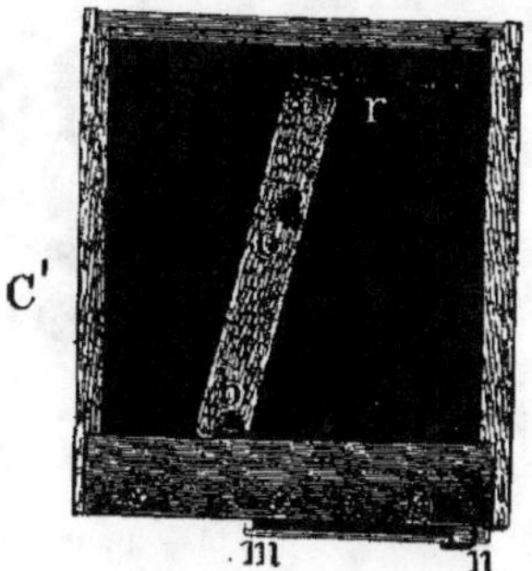

Fig. 13. — Coupe du châssis-magasin Lumière.

Le magasin débiteur ou châssis (*fig.* 13) est une boîte en noyer fermée d'un côté par un volet à coulisses. Le fond opposé au volet porte une tige O qui soutient le film [et autour de laquelle pivote un levier *ab*. L'extrémité *a* de ce levier est attachée au ressort à boudin *r* et l'extrémité *b* porte un petit rouleau sur lequel passe le film avant de pénétrer dans la chambre noire par la fente ménagée dans l'angle inférieur de droite. La pellicule reste ainsi constamment tendue. Le châssis s'adapte au cinématographe par une patte *mn* qu'on engage dans une coulisse.

La boîte réceptrice (*fig.* 15) est entièrement métallique et s'ouvre en deux parties mobiles autour d'une charnière. Elle est traversée par un axe en acier *b*, terminé à gauche par un disque P, qu'un ressort *m* fait constamment appuyer contre un rouleau de friction lié au mécanisme d'entraînement. Sur cet axe s'ajuste, à frottement dur, un cylindre en cuivre *cd*, garni extérieurement de caoutchouc. Un manchon *ef*, de diamètre beaucoup plus grand, peut rouler librement autour de ce cylindre. Il est muni, aux deux extrémités d'une génératrice, de deux agrafes *h*, *h′* servant à attacher la pellicule. Ce dispositif a pour objet d'établir entre le

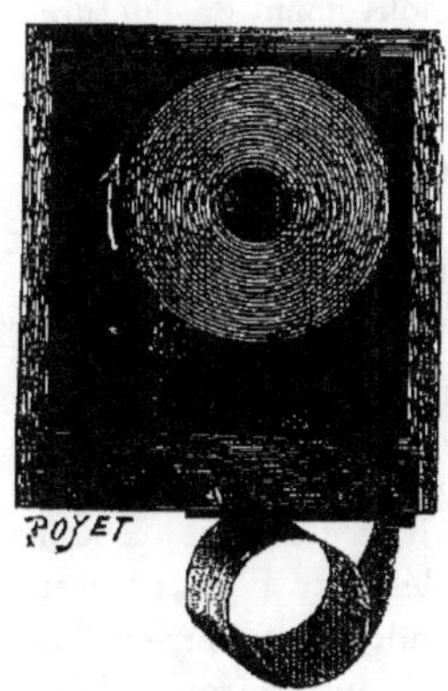

Fig. 14. — Déroulement du film.

manchon et le cylindre une sorte de *broutage*, grâce à l'adhérence fournie par la garniture de caoutchouc, de telle sorte que le man-

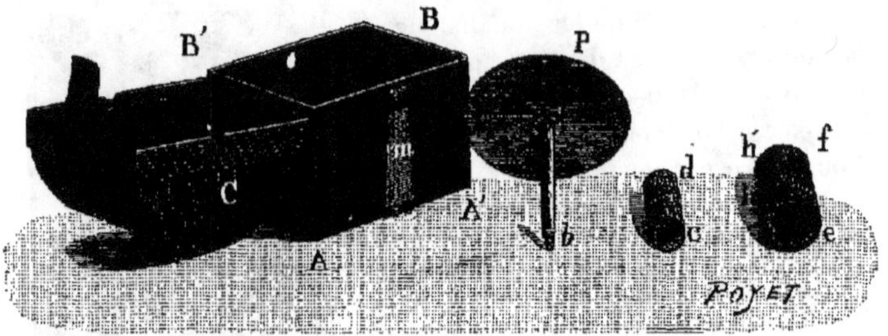

Fig. 15. — Boîte réceptrice de l'appareil Lumière.

chon enroule seulement la portion de pellicule progressivement cédée par le mécanisme d'entraînement.

Mécanisme d'entraînement. — La manivelle qui commande le mouvement de l'obturateur actionne en même temps le mécanisme qui fait progresser le film. Ce mécanisme est l'organe le plus important de l'appareil cinématographique. Il s'agit de prendre rapidement un grand nombre d'images, 16 par seconde environ. Le film doit donc se dérouler avec une assez grande vitesse derrière l'objectif, puis se trouver brusquement immobilisé pendant l'instant très court où l'obturateur laisse passer la lumière, après quoi le mouvement de progression est

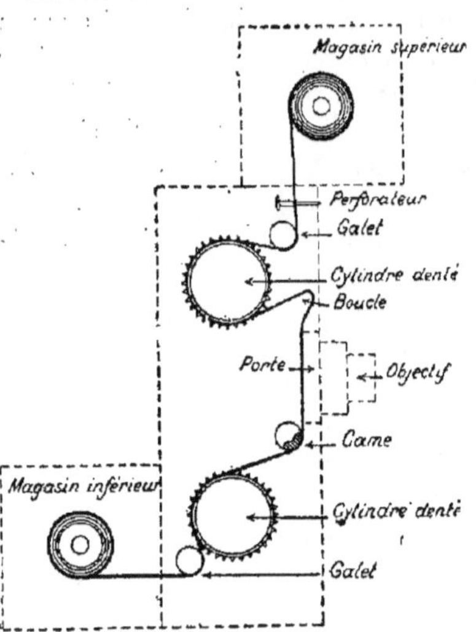

Fig. 16. — Schéma du déroulement.

immédiatement repris. Ces alternatives de marche et d'arrêt se renouvellent 16 fois par seconde, et doivent se succéder sans à coup susceptible de déchirer le film.

Or, les films très longs dont on se sert actuellement sont lourds ; ils pèsent 5 et même 6 kilogrammes : si la traction par brusques saccades qu'exige la succession des images s'exerçait directement sur tout le rouleau contenu dans le magasin, la pellicule serait vite brisée par suite de l'inertie de cette masse. On évite la rupture au moyen de deux *boucles*, c'est-à-dire en laissant une certaine longueur de la bande non tendue, en avant et en arrière du point où se produit le mouvement intermittent.

A sa sortie du débiteur, le film passe sur un rouleau entraîneur qui le tire d'un mouvement uniforme, assuré par un cylindre denté dont les saillies pénètrent dans les perforations de la pellicule.

Après son passage sur ce rouleau, le film cesse d'être tendu avant de s'engager dans le *couloir* qui le conduit, par brusques saccades, au foyer de l'objectif. Le couloir est garni de velours, qui évite tout flottement ; un cadre à ressort le maintient dans le plan focal et l'arrête dès qu'il a avancé de la quantité voulue, faisant ainsi fonction de frein et annulant la vitesse acquise.

A sa sortie du couloir, une nouvelle boucle laisse le film non tendu jusqu'au rouleau qui l'entraîne vers la réceptrice.

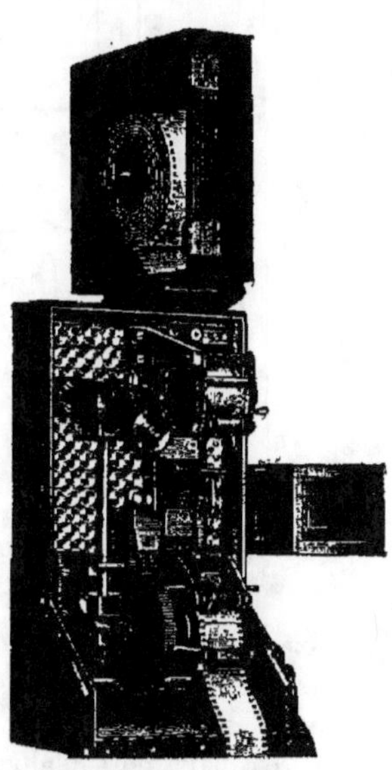

Fig. 17. — Chrono-Gaumont.

On suit nettement la marche du film dans la figure 16 qui représente un schéma du *chromo* négatif Gaumont. Dans cet appareil, l'entraînement intermittent est réalisé par une came ; d'autres constructeurs obtiennent le même résultat par une bielle, un excentrique, une croix de Malte, etc. Le mécanisme d'entraînement a fait l'objet d'un grand nombre de brevets, mais un petit nombre seulement ont été adoptés en pratique. Le mode d'entraînement dit à *croix de Malte* est actuellement appliqué surtout à la projection des images : aussi en donnerons-nous une description détaillée dans la seconde partie de cet ouvrage. Pour la prise des vues, la plupart des cinématographes utilisent l'entraînement par *griffes*, dont l'appareil-type Lumière va nous fournir un exemple.

L'arbre sur lequel est monté le disque obturateur et qui fait, comme nous l'avons vu, 16 tours par seconde quand la manivelle en fait 2, porte aussi un excentrique triangulaire (*fig.* 18) qui communique un mouvement de va-et-vient vertical au cadre porte-griffes. La forme de l'excentrique est combinée de telle sorte que la vitesse de déplacement du cadre, en partant de zéro, augmente d'une façon progressive, pour s'éteindre de même.

Les griffes sont de petites pointes qui, au moment voulu, pénètrent dans les perforations du film, le tirent de haut en bas d'une quantité égale à la hauteur d'une image, et s'en écartent. A cet effet, deux plans inclinés, montés sur le même axe que l'excentrique, poussent les griffes soit en avant soit en arrière, de manière à les faire entrer dans la perforation, lorsqu'elles sont à l'extrémité supérieure de leur course, et à les en faire sortir, lorsqu'elles sont redescendues par le mouvement de l'excentrique.

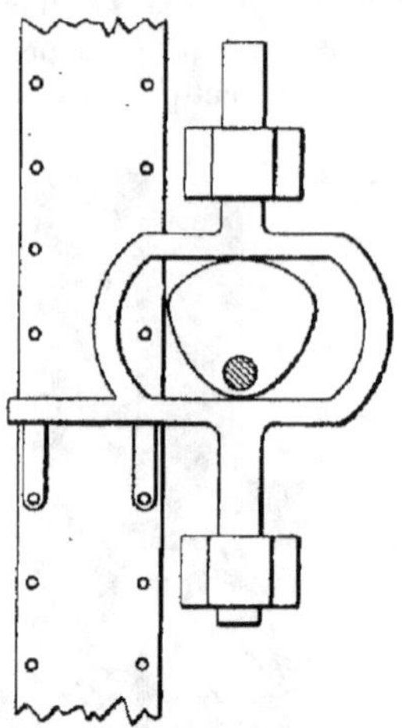

Fig. 18. — Entraînement par griffes et excentrique triangulaire.

Viseur. — L'appareil de prise de vues cinématographiques est toujours muni d'un viseur, qui permet à l'opérateur de s'assurer que le sujet se trouve bien dans le champ de l'instrument, et de le suivre dans ses déplacements. Le viseur est généralement constitué par une chambre noire en miniature, c'est-à-dire par une petite boîte portant d'un côté une lentille convergente et, du côté opposé, un verre dépoli. La petite image qui vient se former sur cet écran est parfois redressée par un miroir incliné à 45°. De plus, un abat-jour, qui peut se rabattre pendant le transport de l'instrument, permet de mieux distinguer la petite image, en éliminant la plus grande partie de la lumière qui frappe la surface extérieure du verre dépoli (*fig.* 19).

Dans certains appareils, cette disposition est remplacée par un

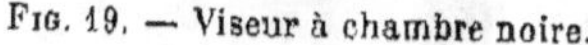

Fig. 19. — Viseur à chambre noire.

Fig. 20. — Viseur clair.

viseur clair, constitué par un verre concave rectangulaire sur lequel sont gravés deux traits perpendiculaires et derrière lequel est un œilleton (*fig.* 20).

Perforateur. — Le schéma du chrono Gaumont (*fig.* 16) montre que la pellicule, à sa sortie du magasin supérieur, passe devant un *perforateur*. Cet organe n'a rien de commun avec les machines à perforer dont il a été question dans le chapitre précédent, car le film a déjà reçu ses perforations latérales avant d'être placé dans le châssis débiteur. Le perforateur dont est muni l'appareil de prise des vues est un emporte-pièce ou poinçon à l'aide duquel l'opérateur découpe un trou rond au milieu de la pellicule, pour séparer deux sujets différents, de manière à pouvoir couper le film à l'endroit voulu, avant de procéder au développement. On a ainsi la faculté de prendre successivement plusieurs scènes sur une longue bande, sans avoir à charger de nouveau le magasin ni à le remplacer par un autre.

La plupart des modèles récents sont d'ailleurs munis d'un *compteur* qui indique constamment la longueur du film débitée et, par suite, la quantité qui reste encore disponible.

Supports. — L'appareil cinématographique doit reposer sur une base rigide, car les moindres trépidations se traduiraient, à la projection, par des mouvements d'oscillation de grande amplitude.

On se sert donc de supports très solides, surtout à l'atelier, où leur poids ne présente aucun inconvénient. Pour les travaux exécutés en dehors de l'atelier, il faut des trépieds démontables ou à branches rentrantes, analogues à ceux qu'emploient les photographes, mais beaucoup plus solides (*fig.* 21).

Le cinématographe repose sur le support par l'intermédiaire

Fig. 21. — Pied démontable Pathé.

d'une plate-forme qui permet de déplacer l'appareil régulièrement et sans secousse, lorsqu'il s'agit de suivre un sujet qui se déplace ou dont on veut fixer successivement les diverses parties.

La plate-forme *horizontale* ou *panoramique* (*fig.* 22) se compose d'un grand disque denté engrenant avec une vis tangente actionnée par une manivelle. En tournant cette manivelle de la main gauche (tandis que sa main droite manœuvre la manivelle de prise de vues), l'opérateur déplace de droite à gauche l'axe de visée de l'instrument, de manière à suivre un sujet mobile, tel

qu'un bateau, une voiture, etc., ou à prendre successivement tous
les aspects d'un panorama.

La plate-forme *verticale* est construite sur le même principe,
avec cette seule différence que le disque denté horizontal est ici
remplacé par un demi-disque vertical, également actionné par
une manivelle dont l'axe commande une vis tangente. Cette plate-
forme sert à incliner l'appareil de bas en haut ou de haut en bas,

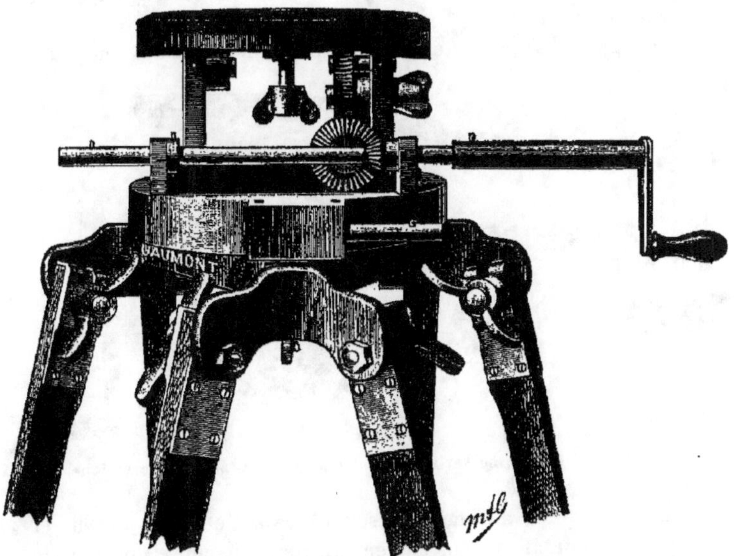

Fig. 22. — Plate-forme panoramique Gaumont.

soit pour montrer les différentes parties d'un monument très
élevé, soit pour suivre les évolutions d'un ballon ou d'un aéroplane, soit pour cinématographier un nageur, etc.

Les deux plates-formes sont généralement réunies sur le même
support (*fig.* 23). Il va sans dire que s'il est nécessaire de les ma-
nœuvrer toutes les deux simultanément, l'opérateur est obligé
d'avoir un aide qui fait fonctionner les manivelles d'après ses indications.

Vue d'ensemble. — Après avoir décrit séparément chacun des organes dont se compose l'appareil cinématographique, il n'est pas inutile d'en montrer la relation, en les retrouvant réunis dans un instrument pourvu des plus récents perfectionnements. Il s'agit de l'appareil de prise de vues pour professionnels que les établissements Pathé frères ont mis dans le commerce, après s'en être servi dans leurs ateliers, pour l'exécution des films qu'ils éditent. La figure 24 en représente l'intérieur, et le cliché suivant en donne la vue extérieure.

Cet appareil se présente sous la forme d'un parallélipipède d'une

Fig. 23. — Plate-forme verticale montée avec plate-forme panoramique.

longueur de 230 millimètres, sur 168 millimètres de largeur et 307 de hauteur. Il est construit en bois gainé de cuir; la planchette avant est mobile, afin de permettre de vérifier le mécanisme et de régler l'obturateur. Le mouvement intermittent du film est produit par un cadre porte-griffes animé d'un mouvement rectiligne alternatif de haut en bas. Les griffes entraînées par ce cadre et guidées, dans leur mouvement de pénétration et de retrait, par une rampe de forme spéciale, pénétrant dans les perforations du film et les entraînant dans leur mouvement de descente, les abandonnent à l'extrémité de leur course, pour remonter ensuite sans toucher à la pellicule.

Sur la platine, faite de bronze, qui supporte ce mécanisme, est ménagée, vis-à-vis de l'objectif, une fenêtre rectangulaire dont

Fig. 24. — Appareil prise de vues ouvert.

les dimensions déterminent celles de l'image négative. Au-dessous de cette fenêtre, deux fentes verticales permettent le passage des griffes d'entraînement. Un système perforateur, destiné à séparer les différentes vues prises sur une même bande, est placé au centre du couloir, sous les fentes de passage des griffes.

Deux réglettes verticales extensibles, en acier, placées de part et d'autre de la fenêtre, forment une sorte de couloir, tapissé de velours, pour éviter le contact de la pellicule contre la platine. Grâce à l'extensibilité de ce couloir, le film descend toujours d'une façon très régulière, malgré les légères différences de largeur qui existent entre les diverses sortes de pellicules. Le film passant ainsi sans effort devant la fenêtre, aucune sinuosité n'est à craindre : il en résulte une fixité absolue, à la projection.

Chacun des deux magasins peut contenir 120 mètres de pellicule. Pour éviter les efforts d'une traction intermittente, le film est débité d'un mouvement régulier par un cylindre denté placé à la partie supérieure du couloir. Ce cylindre permet, en outre, d'obtenir une parfaite régularité dans le réenroulage. Il agit de même, lorsque l'appareil doit fonctionner à l'envers, la boîte débitrice devenant réceptrice, et réciproquement.

Les boîtes-magasins sont amovibles et se placent rapidement sur la chambre noire, au moyen de coulisses. Ces boîtes sont en bois noirci à l'intérieur et gainé à l'extérieur. Leurs dimensions sont : 210 × 200 × 66 millimètres.

L'objectif est un Héliar, de Voigtländer, de 51 millimètres de foyer et dont la grande ouverture (F : 4, 5) permet d'opérer même avec un faible éclairage.

La mise au point s'effectue en remplaçant le cadre-presseur de la fenêtre par un verre dépoli que l'on examine par l'œilleton de la porte de l'appareil. Le réglage du plan focal est commandé par une petite manivelle située à gauche de l'œilleton et que l'opérateur déplace jusqu'à parfaite netteté de l'image projetée sur le verre dépoli.

Un dispositif de fermeture et d'ouverture du diaphragme de l'objectif permet de faire disparaître ou apparaître automatiquement les vues et de réaliser, sans connaissances spéciales, les effets de *fondu*, dont il sera question au chapitre v.

L'obturateur, qui démasque l'objectif pendant les périodes d'immobilité du film, est constitué par une plaque métallique en forme de demi-cercle. Il est placé derrière l'objectif, près de la surface sensible et donne ainsi le maximum de rendement, au point de vue photographique. Une deuxième plaque métallique, semblable à la première, peut se déplacer sur le même axe, de manière à diminuer l'ouverture et à réduire la durée d'admission de la lumière. L'obturateur est animé d'un mouvement de rotation continu, par l'intermédiaire de pignons réglés de telle sorte qu'il fasse une révolution complète pendant le mouvement d'aller et de retour du cadre porte-griffes.

Un viseur mobile, constitué par une petite chambre noire à abat-jour, se place sur le côté gauche de l'appareil.

Un compteur de mètres, disposé à l'arrière, au-dessus de la manivelle d'entraînement, indique constamment la quantité de pellicule employée.

Entretien de l'appareil. — Tous les pivots doivent être maintenus soigneusement lubrifiés, afin que le mécanisme fonctionne avec une régularité parfaite. Un défaut de graissage risquerait d'ailleurs de provoquer l'échauffement des pièces frottantes et de les mettre promptement hors d'usage. Il ne faut cependant employer qu'une très petite quantité d'huile ; celle qui sert au graissage des machines à coudre doit être préférée à toute autre.

On évitera avec soin la poussière qui, en se déposant sur l'émulsion, produirait des lacunes dans l'impression et des taches sur le film positif. Il faudra donc passer, aussi souvent que possible, un pinceau souple, un blaireau, par exemple, à l'intérieur de la chambre noire et des magasins. Il faudra, de plus, brosser les velours du couloir et des fentes par lesquelles la pellicule passe des magasins dans la chambre noire et *vice versa*.

Mais c'est surtout l'objectif qui nécessitera des soins attentifs. Les verres dont il est formé sont moins durs que ceux dont on se sert pour la fabrication des vitres et des bouteilles ; ils sont aussi plus fragiles, et il faut éviter les rayures qui peuvent rendre en un instant inutilisable un instrument de valeur. Le tissu à l'aide duquel on essuie les lentilles doit être parfaitement propre, exempt de matières grasses et d'aspérités susceptibles de rayer les verres optiques. Les peaux, et spécialement la peau de chamois dont

Fig. 25. — Appareil prise de vues professionnel. — Vue extérieure.

quelques marchands de lunettes s'obstinent encore à se servir, sont
absolument impropres à cet usage, car non seulement elles n'en-
lèvent pas la graisse, mais elles tendent plutôt à en ajouter. En
outre, leur surface présente parfois des aspérités qui peuvent
rayer les verres mous. Un linge de toile fraîchement lavé est de
beaucoup préférable, bien qu'il présente encore un inconvénient,
celui de retenir la poussière. Le mieux est d'utiliser la moelle de
certains arbrisseaux, retirée de l'écorce immédiatement avant
l'emploi. Les meilleures sont les moelles de lilas et de tournesol
(soleil). Pour nettoyer une lentille, on coupe une tranche de moelle
que l'on fixe sur un bouchon, et que l'on passe légèrement sur les
faces du verre. Si la lentille est trop petite pour procéder ainsi, on
taille une tige en pointe, de manière à enlever environ 1 centi-
mètre d'écorce, et on passe sur le verre la moelle mise à nu. A défaut, on enlèvera les poussières avec un blaireau, et l'on essuiera
doucement les verres avec un linge très fin, un vieux mouchoir de
batiste par exemple, sec ou très légèrement imbibé de bon alcool
ou de benzine pure.

CHAPITRE IV

L'ATELIER-THÉATRE

Dispositions générales. — Au début, les vues cinématographiques étaient toujours prises sur nature, sans aucun artifice, et ces premières projections animées eurent beaucoup de succès. Cependant, le véritable essor de l'industrie cinématographique date de son application à l'art théâtral.

Aujourd'hui, le cinématographiste ne se borne pas à guetter les événements intéressants et à saisir les sujets qui s'offrent à lui : il crée des sujets, il invente des scénarios, imagine et combine dans leurs moindres détails des comédies, des drames, des féeries, et, s'il n'a pas pu assister à un fait sensationnel, il lui arrive de le reconstituer si bien et si rapidement que le public croit avoir sous les yeux, quelques heures plus tard, la réalité même.

Les acteurs de ces pièces les jouent tantôt dans un cadre naturel, jardin, château, navire, rivage, etc., tantôt devant un fond artificiel, à l'intérieur d'un édifice spécialement aménagé dans ce but.

L'atelier de cinématographie diffère essentiellement de celui des photographes portraitistes. Il ne s'en distingue pas seulement par ses dimensions, qui sont beaucoup plus vastes, mais encore par des dispositions très particulières. Il tient, en effet, à la fois de la salle de pose et de la salle de spectacle. De la première il a l'éclairage, le vitrage, les rideaux, les appareils de lumière artificielle ; du second il a la scène avec ses décors, ses portants, ses frises, ses coulisses, sa machinerie, ses dessous et même ses dépendances, telles que loges d'artistes, entrepôt de décors, ateliers de charpente, de modelage et de peinture.

C'est une construction toute en fer et en verre, dont la longueur dépasse parfois 40 mètres, la largeur 25, la hauteur 34. Pendant l'hiver, cet immense vaisseau est chauffé à la vapeur ; pendant

l'été, des ventilateurs et une circulation d'eau sur le vitrage atté-
nuent l'élévation de la température.

Scène. — L'une des extrémités de l'atelier, et quelquefois les
deux sont occupées par la scène, plus vaste et mieux comprise que
celles de la plupart des théâtres. Le plancher en est assez solide
pour supporter des troupes d'éléphants, et certaines installations
récentes comportent une vaste piscine pour la représentation des
scènes nautiques.

Les dessous, avec jeux de trappes et de tampons, servent aux
changements à vue, aux apparitions et aux disparitions de sujets de
féeries. Dans le cintre, des ponts roulants, des treuils, une forêt de
cordages sont combinés pour la manœuvre des décors, le déplacement des appareils d'éclairage, l'enlèvement de personnages ou de
chars volants. Au fond, de grands tambours sont établis pour le
déroulement des toiles panoramiques.

Décors. — Les fonds et les accessoires employés en cinématographie diffèrent de ceux qu'on est habitué à voir dans les théâtres :
ceux-ci sont brossés largement, par masses, avec de vives couleurs,
et ne conviendraient pas à la photographie animée. Il faut ici des
dessins plus parfaits, car l'objectif révèle le moindre défaut, que la
projection amplifie au point de rendre impossible l'illusion nécessaire. Quant aux couleurs, elles sont mal rendues par le gélatino-
bromure d'argent, dont la sensibilité chromatique diffère trop de
celle de notre œil. La rétine est sensible surtout au vert, au jaune,
à l'orangé, qui n'impressionnent presque pas le film, dont la sensibilité se limite au bleu, au violet et même à l'ultra-violet que
nous ne voyons pas. Il en résulte qu'un objet d'un bleu sombre
paraît blanc sur l'épreuve, tandis que le vert clair et le vermillon
le plus éclatant y sont traduits en noir ou en teinte assombrie. On
atténue ces différences, on les fait même complètement disparaître
par l'*orthochromatisme*, en imprégnant l'émulsion de certaines
matières colorantes qui lui communiquent une certaine sensibilité
pour les radiations vertes, jaunes et rouges, et en compensant
l'excès de sensibilité qu'elle conserve encore pour les radiations
bleues, violettes et ultra-violettes, en interposant un verre jaune
sur le trajet des rayons lumineux. Malheureusement, cet écran com-

pensateur a l'inconvénient de prolonger le temps de pose, dans la proportion de 1 à 8 ou 10 environ, et il en résulte l'impossibilité de prendre des vues instantanées par faible lumière.

En attendant que les procédés orthochromatiques aient été suffisamment perfectionnés pour devenir régulièrement applicables à la cinématographie, on en est réduit, pour le moment, à bannir les couleurs de l'atelier-théâtre. Les acteurs y sont vêtus de gris, clair ou foncé, et les décors sont peints en noir et blanc.

La peinture doit en être mate, comme celle des fonds de portraits. Il faut s'assurer de la parfaite rigidité des toiles clouées sur des cadres, car, si elles viennent à remuer pendant la pose, on les verra remuer pareillement à la projection, et l'effet en sera choquant.

Certains accessoires peuvent également être figurés sur des surfaces planes; mais, pour mieux donner l'illusion de la réalité, la plupart sont façonnés en relief, avec du bois recouvert de cartonpâte. C'est pourquoi des ateliers de charpente, de menuiserie et de modelage sont attenants au théâtre, ou construits à proximité.

Éclairage. — Autant que possible, le théâtre est construit sur un emplacement bien découvert, isolé des grands édifices qui intercepteraient une partie de la lumière. Le vitrage occupe non seulement la toiture, mais aussi les parois verticales, excepté du côté de la scène. Des rideaux blancs et d'autres noirs, glissant sur des tringles, servent à modérer la lumière et à en régler la direction, suivant l'éclairage qu'il convient de donner aux sujets.

Quand la lumière du jour ne suffit plus, on a recours à l'éclairage artificiel. L'emploi de l'électricité permet d'opérer par n'importe quel temps et à toute heure du jour ou de la nuit : il va sans dire que c'est la lampe à arc qui seule est appliquée à l'éclairage de la scène, les autres sources de lumière artificielle étant toutes trop faibles.

Il faut cependant éviter d'exagérer l'intensité de chacun des foyers lumineux, car il en résulterait des effets violents, trop crus, avec des ombres trop noires. C'est pourquoi on recommande de ne pas dépasser 50 ampères par lampe. Sur une scène de dimensions restreintes, 10 lampes de cette intensité suffiront ; pour des scènes plus vastes, on en emploiera 25 à 30.

La formation de l'arc électrique s'effectue sous une tension de

45 volts environ ; mais le fonctionnement du régulateur exige l'absorption par une résistance d'environ 10 à 15 volts. Les stations centrales distribuant d'ordinaire l'énergie électrique sous 110 volts, on peut grouper les lampes par séries de deux en tension, avec une résistance additionnelle dans chaque dérivation, comme l'indique la figure 26. On emploie dans ce but un rhéostat réglable (*fig.* 27), de façon à obtenir exactement la force électromotrice nécessaire aux bornes des lampes.

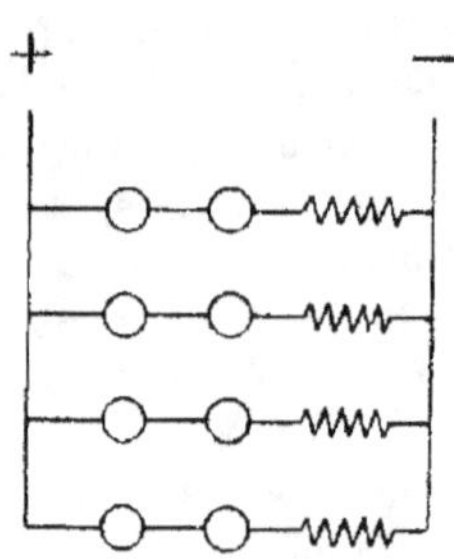

Fig. 26. — Arcs par séries de deux en tension sur chaque dérivation (courant de 110 volts).

La longueur normale de l'arc brûlant à l'air libre est d'environ 5 millimètres: c'est là la distance que le mécanisme de la lampe doit maintenir entre les deux charbons, qui s'usent assez rapidement. Pour diminuer cette usure, on a construit des lampes à *arc long* brûlant en vase clos.

Ces lampes offrent quelques avantages, surtout pour la photographie, leur lumière violacée étant particulièrement riche en radiations photochimiques. La longueur de l'arc obtenu dans ces conditions (environ 8 millimètres) en favorise d'ailleurs la meilleure utilisation. La lumière se produit au milieu d'un petit globe ou d'un manchon en verre réfractaire à fermeture étanche par en bas et garni à son extrémité supérieure d'un tampon empêchant l'air de pénétrer. La tension aux bornes de

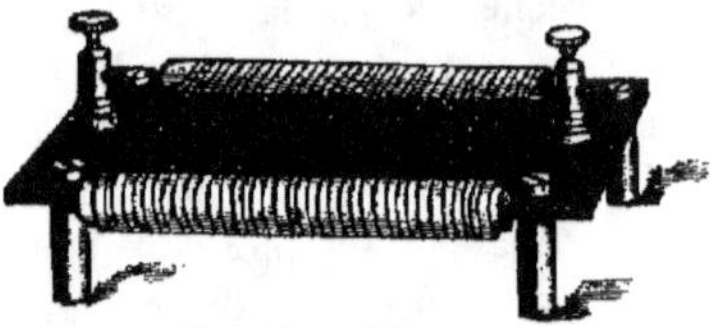

Fig. 27. — Rhéostat.

la lampe doit, dans ce cas, être de 80 volts : le surplus du voltage est absorbé par une résistance. Les crayons brûlant dans un air rapidement saturé de gaz carbonique, et par conséquent peu favorable à la combustion, ne s'usent que de 2 ou 3 millimètres par heure, au lieu de 8 à 10 centimètres qui seraient brûlés par deux arcs en tension à l'air libre. La lampe fournit ainsi plus de 150 heures d'éclairage, sans qu'il soit nécessaire d'y toucher. Au bout de 150 à 200 heures de fonctionnement, le charbon positif est usé : on le remplace alors par l'ancien charbon négatif, qui est encore presque entier, et l'on met un crayon négatif neuf; on ne renouvelle donc qu'un seul charbon chaque fois. A côté de ces avantages, l'arc long présente l'inconvénient d'un rendement sensiblement inférieur à celui de l'arc ordinaire et de consommer, par conséquent, à lumière égale, une plus grande quantité d'énergie électrique. En outre, des poussières de charbon ne tardent pas à se déposer sur les parois du verre et diminuent encore la lumière utilisable.

Quel que soit le système d'éclairage adopté, la lampe est disposée devant un réflecteur, afin que la plus grande partie de la lumière émise concoure à l'éclairage de la scène. En outre, si le foyer lumineux est placé à proximité du sujet que l'on photographie, il est utile d'interposer un écran diffuseur.

Les lampes sont montées sur des supports mobiles (*fig.* 28) ou pendues à des tringles, ou encore établies sous un pont roulant. Dans tous les cas, elles reçoivent l'énergie électrique par l'intermédiaire de conducteurs souples et de prises de courant (*fig.* 29) disposées en différents points de l'atelier.

Production de l'énergie électrique. — A défaut de station centrale fournissant l'énergie à un tarif peu élevé, il est nécessaire d'installer, à proximité de l'atelier, un groupe électrogène, c'est-à-dire une dynamo actionnée par un moteur.

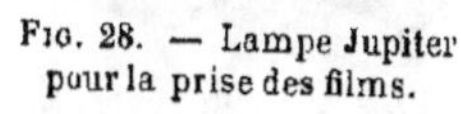

Fig. 28. — Lampe Jupiter pour la prise des films.

La machine à vapeur et le moteur à gaz pauvre sont les plus économiques, quand ils fonctionnent constamment; dans le cas contraire, il faut tenir compte, pour évaluer le prix de revient de l'énergie électrique, de la dépense occasionnée pour tenir une chaudière sous pression ou un gazomètre en combustion. Le moteur à gaz de ville ou à pétrole, dont la dépense est proportionnelle à la durée de fonctionnement, conviennent mieux à l'éclairage intermittent.

Bien que le moteur à gaz pauvre soit plus économique que le moteur à vapeur, ce dernier sera plus avantageux dans un atelier de cinématographie, car l'entretien d'une chaudière y est indispensable pour le chauffage par la vapeur. On pourra utiliser la vapeur d'échappement, soit pour la préparation des bains de développement, soit pour le chauffage des laboratoires pendant l'hiver, soit pour la dessiccation des films.

Certains secteurs fournissent actuellement l'énergie électrique sous 220 volts, et ce mode de distribution tend à se généraliser. Cependant, il n'est pas sans danger, surtout sous forme de courant alternatif. Si l'on produit soi-même l'électricité, le mieux est d'employer le courant continu à 110 volts, bien que deux arcs en série n'absorbent pas tout à fait 90 volts, en théorie.

En effet, le rôle de la résistance additionnelle n'est pas seulement de réduire le voltage aux bornes de chaque lampe. Au moment où les charbons se touchent pour provoquer l'allumage, leur résistance très faible occasionnerait un court-circuit, si le rhéostat ne limitait pas l'intensité du courant. De plus, la conductibilité de l'arc augmente en même temps que le débit, et aucun régulateur ne serait capable d'agir assez vite pour prévenir l'établissement d'un courant d'intensité anormale. Le rhéostat absorbe l'excès d'énergie et provoque une chute de tension proportionnée au débit. Ces changements de voltage favorisent, en outre, le fonctionnement des bobines (solénoïdes ou électro-aimants) branchées en dérivation pour opérer le rapprochement des charbons.

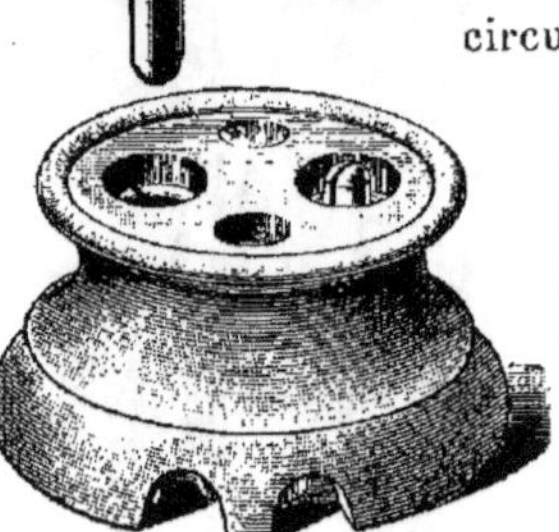

Fig. 29. — Prise de courant.

Une batterie d'accumulateurs sera très utile, soit pour maintenir en marche, pendant la nuit, les ventilateurs actionnés par des moteurs électriques, soit pour suppléer, pendant le jour, à un arrêt de la machine motrice ou à une interruption de service du secteur.

Les divers bâtiments dont se compose une installation de prise de vues cinématographiques doivent être des constructions à simple rez-de-chaussée, isolées les unes des autres, autant que le permet la marche des différents services et les rapports qu'ils ont entre eux, afin que, si le feu se déclare à un bâtiment, il soit facile de limiter l'incendie.

CHAPITRE V

PRISE DES VUES

Préparation de l'appareil. — Avant de prendre une série de
vues cinématographiques, il est utile de vérifier l'appareil, dont
certains organes particulièrement délicats exigent une surveillance
attentive. Le velours du couloir, notamment, doit être fréquemment brossé, comme on l'a vu au chapitre III, car les moindres
poussières, qui s'y déposent très facilement, risquent de produire
des rayures ou des points sur les images. Le frottement du film sur
le velours se traduit par des effilochures qui débordent et projettent
quelquefois leur ombre sur les images : on aura donc soin de les
couper avec de fins ciseaux ou de les brûler avec un fer chaud. On
enlèvera aussi, à l'aide d'un pinceau, les poussières de la fenêtre et
du cadre.

Pour être certain du bon fonctionnement de tout le mécanisme,
on y fera passer un film hors d'usage, et l'on observera s'il glisse
sans frottement exagéré et sans secousse anormale ; on réglera,
s'il y a lieu, la pression du cadre, et l'on huilera les axes dont le
jeu paraîtrait trop dur.

Les bandes sensibles doivent être aussi vérifiées avec soin, avant
d'être introduites dans le magasin débiteur. On recherchera si
leur largeur et leur épaisseur n'offrent rien d'anormal : des calibres
spécialement construits à cet effet permettent d'effectuer ces
mesures très rapidement et avec toute la précision désirable.
Toute pellicule qui n'a pas exactement les dimensions voulues
doit être rejetée : trop mince, elle casserait facilement ou ne con-
serverait pas, dans le cadre, la tension et la surface plane nécessaires à la netteté de l'image ; trop épaisse ou trop large, elle serait
trop tendue, trop serrée dans le cadre et risquerait d'être brusquement arrêtée dans le couloir ou dans les fentes pratiquées entre la
chambre noire et les châssis-magasins ; trop étroite, elle se dépla-

cerait à droite et à gauche, dans le couloir, et ces mouvements alternatifs seraient amplifiés, à la projection.

Il est bon de prélever sur la bande sensible un petit morceau que l'on trempe dans un révélateur, afin de s'assurer si l'émulsion n'est pas voilée. Les bandes défectueuses à la livraison sont de plus en plus rares, car les fabricants ont le plus grand intérêt, pour le renom de leurs marques, à prendre eux-mêmes les précautions nécessaires pour ne fournir que des produits irréprochables. Néanmoins, il ne faut pas négliger l'essai d'un film destiné à une vue importante, à une scène qui ne se renouvellera pas.

Le chargement du magasin débiteur s'effectue, bien entendu, à l'abri de la lumière blanche, dans une pièce éclairée seulement par une ou plusieurs lampes à verre rouge. La pellicule négative est enroulée la gélatine en dehors et se place très facilement sur un axe qui traverse la boîte-magasin. On tire alors l'extrémité extérieure de la bobine pelliculaire, et on déroule une longueur d'environ 50 centimètres, que l'on fait passer par la fente qui sépare le magasin de la chambre noire ; on l'engage ensuite sous les galets d'entraînement et dans le couloir, en ayant soin de laisser une boucle, c'est-à-dire une certaine longueur non tendue, avant et après la fenêtre. On l'amène, enfin, par la deuxième fente, dans le magasin récepteur, dont l'axe d'enroulement est muni d'une pince qui la maintient fixée.

La pellicule étant bien en place, les perforations exactement prises par les dents des cylindres d'entraînement, on ferme les portes des boîtes-magasins et de la chambre noire. L'appareil peut alors être porté au grand jour.

Installation de l'appareil. — Les supports employés dans l'atelier offrent toutes les garanties voulues de stabilité. Les pieds démontables utilisés en plein air sont également assez robustes pour résister au vent et à l'ébranlement que risque d'occasionner la manœuvre de l'appareil ; mais il faut pour cela que les pièces mobiles soient parfaitement assemblées par le serrage à fond de toutes les vis. Il faut que, lorsque l'opérateur tourne la manivelle d'entraînement ou celles des plates-formes, l'appareil ne subisse aucun mouvement de flexion, qui se traduirait, à la projection, par des oscillations très désagréables.

La mise dans le champ et la mise au point peuvent s'effectuer sur un verre dépoli momentanément substitué au film. Mais cette méthode n'est applicable que dans les cas où le sujet et l'appareil doivent conserver respectivement les mêmes positions. Le plus souvent, le sujet est mis ou maintenu dans le champ à l'aide du viseur, et la distance focale est réglée sur l'évaluation de la distance qui sépare l'objectif du sujet.

Cette distance doit évidemment varier suivant le but qu'on se propose. On remarque, dans la projection de certaines scènes, un brusque changement, effectué dans le but de montrer un détail à une plus grande échelle, par exemple la tête de l'un des personnages, après quoi la scène est reprise à l'échelle primitive. Ces interruptions soudaines sont parfois avantageusement remplacées par une amplification progressive, très facilement obtenue en faisant avancer l'appareil, monté sur un pied à roulettes, sans cesser de tourner la manivelle. Bien entendu, il faut, en même temps, rectifier la mise au point, et même l'ouverture du diaphragme.

Réglage de l'obturateur. — Les mouvements rapides exigent le rétrécissement de l'ouverture de l'obturateur, car une pose trop longue aurait pour effet de donner des images floues. A la vitesse normale de 16 images par seconde, le temps de pose le plus long, obtenu en disposant les secteurs complètement superposés de manière à ne former qu'un demi-cercle, est d'environ 1/30 de seconde. Il ne convient qu'aux objets qui se déplacent très lentement et qui se trouvent placés à une distance 150 fois supérieure à la distance focale (cette dernière condition est facilement réalisée en cinématographie, où l'on emploie des objectifs à très court foyer). Pour des distances inférieures ou des mouvements plus rapides, il faut déplacer le secteur mobile, de manière à abréger le temps de pose (voir p. 28). Le réglage à 1/100 de seconde permet de prendre des chevaux au galop, à la distance de 250 fois le foyer, s'ils viennent vers l'opérateur ou s'ils s'en éloignent. La même vitesse est applicable aux vagues. En réduisant l'exposition à 1/300 de seconde, on reproduit des scènes de rue, des chevaux galopant obliquement par rapport à l'axe optique, des cyclistes à allure modérée et à une distance 100 fois plus grande que le foyer utilisé. Enfin, l'obturateur fonctionnant à 1/500 et même à 1/1000 de seconde est nécessaire pour aborder la cinématographie des chevaux de course, des automobiles et des trains en marche, des oiseaux ou des aéroplanes en plein vol.

Toutefois, ces prescriptions n'ont rien d'absolu. Il n'est pas toujours indispensable de proportionner la vitesse d'obturation à celle du mouvement, car si un objet est photographié en un plus court espace de temps qu'il n'en faut à l'œil pour le voir, l'effet est ridicule et contre nature : il vaut donc mieux ne pas voir le détail d'un mouvement trop rapide pour que l'œil puisse l'analyser, la confusion étant en ce cas plus conforme à la réalité.

Il arrive parfois que certains mouvements paraissent renversés ou suspendus : l'une des roues d'une voiture semble tourner à rebours ou rester immobile, tandis qu'une autre roue, de diamètre différent, tourne normalement.

L'explication de cette anomalie a été donnée par M. G. Mareschal.

Supposons, pour simplifier, que l'appareil prenne seulement 10 images par seconde. Les trois cas qui peuvent se présenter sont indiqués dans la figure 30. Si la roue fait un tour par seconde, le point A

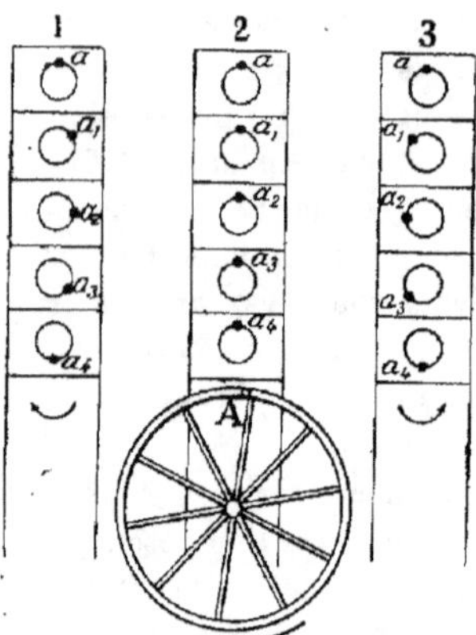

Fig. 10. — Anomalies de rotation. — N° 1, la roue tourne dans le véritable sens ; n° 2, elle paraît immobile ; n° 3, elle tourne en sens inverse.

sera photographié 10 fois pendant ce temps et donnera sur la bande (n° 1) des images a, a_1, a_2, etc., qui, projetées ensuite sur l'écran, donneront bien l'impression de la rotation de la roue dans son véritable sens.

Mais, si la roue tourne à raison de 10 tours par seconde, le point A qui aura donné une première image a (n° 2) sera revenu à son point de départ lors de la prise de la seconde image a_1, et ainsi de suite pour a_2, a_3, etc. A la projection, la roue paraîtra donc immobile.

Enfin, si la roue fait moins d'un tour par seconde, il arrivera que le point A ne sera pas tout à fait revenu à son point de départ, lors de la prise de la seconde image, et il se trouvera photographié en a_1 (n° 3), puis successivement en a_2, a_3, etc., et à la projection la roue semblera tourner en sens inverse.

Cette anomalie ne peut pas se produire en même temps pour la même voiture sur les roues d'avant et sur celles d'arrière, puisqu'elles n'ont pas le même diamètre et font par conséquent, dans le même laps de temps, un nombre de tours différent.

Diaphragme. — Le temps de pose nécessaire à l'impression des négatifs dépend de la sensibilité de l'émulsion, de l'éclairement du sujet, de sa distance et de l'*ouverture relative utile* de l'objectif.

On appelle ouverture relative utile le diamètre, mesuré en avant de l'objectif, du faisceau de rayons parallèle à l'axe qui peut traverser l'instrument. Cette ouverture est indiquée par les constructeurs, non pas suivant son diamètre absolu, mais suivant le rapport entre ce diamètre et le foyer, désigné, pour abréger, par la lettre F. Ainsi, les notations F : 10, $f/10$ désignent un objectif admettant la lumière par une ouverture dont le diamètre utile est égal à la dixième partie de sa distance focale. Cette manière d'indiquer l'ouverture est la seule qui permette de comparer avec exactitude la rapidité de plusieurs objectifs de construction différente.

Or, l'éclairement des sujets en plein air ne peut pas être modifié à volonté : il dépend de l'état du ciel, de la saison, de l'heure, des reflets émanés des objets environnants et de la nature des surfaces à reproduire. D'autre part, le temps de pose est limité par la rapidité des mouvements à enregistrer. Il en résulte que le seul moyen d'éviter la sous-exposition, qui fournit des clichés durs et incomplets, et la surexposition, qui se traduit au développement par des images voilées et sans contrastes, est de faire varier l'ouverture utile, suivant les circonstances de la pose.

A cet effet, l'objectif est muni d'un diaphragme *iris*, composé de lamelles minces qui se rapprochent ou s'écartent, de manière à rétrécir ou à élargir l'ouverture par laquelle les rayons lumineux pénètrent dans la chambre noire. Ces lamelles sont reliées à une bague ou à un levier extérieurs qui se déplacent sur une graduation où se lisent les ouvertures correspondantes : $\dfrac{F}{8}$, $\dfrac{F}{11}$, $\dfrac{F}{16}$, etc.

Toutes choses égales d'ailleurs, le temps de pose est inversement proportionnel au carré du diamètre de l'ouverture relative. Ainsi, dans les mêmes circonstances, le diaphragme $\frac{F}{16}$ exigera une exposition 4 fois plus longue que le diaphragme $\frac{F}{8}$.

Il existe des tables et des instruments (photomètres et actinomètres) qui font connaître le temps de pose applicable à tel ou tel sujet, suivant le diaphragme employé. En cinématographie, il est nécessaire de faire l'évaluation inverse : le temps de pose étant déterminé par la vitesse d'obturation, dans un grand nombre de cas, c'est l'ouverture relative qu'il s'agit de bien choisir, suivant l'éclairement du sujet. Cette évaluation peut d'ailleurs être faite à l'aide des tables, par un calcul bien simple, ou même par une simple lecture, sur la graduation de certains photomètres. C'est le cas, notamment, pour le *photomètre normal* (*fig.* 31). Supposons

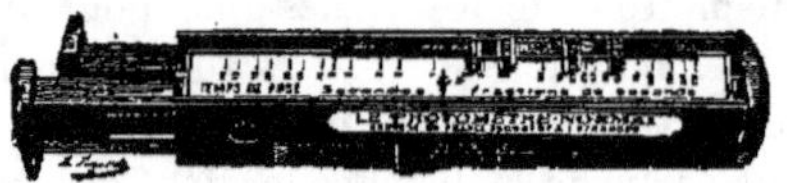

Fig. 31. — Photomètre.

que le mouvement à cinématographier exige l'obturation au $\frac{1}{100}$ de seconde : on place l'index du curseur des poses en regard du $\frac{1}{100}$, on vise le sujet à travers l'œilleton, et l'on tire la coulisse des diaphragmes jusqu'à disparition du sujet. Si le curseur des diaphragmes se trouve alors en regard de la graduation F : 16, on en conclut que cette ouverture est celle qui convient à l'exécution des clichés.

Ces évaluations ne peuvent être qu'approximatives, mais les erreurs commises par excès de pose sont facilement compensées par un développement bien conduit. On peut aussi atténuer les effets de la sous-exposition, mais moins complètement. Aussi est-il toujours préférable de poser trop que pas assez.

L'ouverture du diaphragme sera modifiée chaque fois que changeront l'éclairement du sujet ou la vitesse d'obturation. Ainsi, lorsqu'on rapproche l'appareil du modèle, pour en prendre un détail à une plus grande échelle, il ne faudra pas oublier que son éclat intrinsèque varie en raison inverse du carré de sa distance. Si l'on exécute une vue panoramique, ou si l'appareil fonctionne sur un véhicule, un bateau, etc., le diaphragme sera rétréci, quand l'objectif visera un but vivement éclairé; il sera plus ouvert dans le cas contraire.

Le diaphragme sert aussi à simuler des variations d'éclairage. Lorsqu'on apporte une lampe dans un appartement, ou lorsqu'on l'éteint, il n'en résulte pas un notable changement dans l'impression du film, parce que le luminaire employé en pareil cas n'y contribue qu'en très faible partie. Pour rendre exactement l'effet voulu, il suffit de faire varier le diamètre du diaphragme dans la proportion de 1 à 2 (ou *vice versa*), ce qui détermine une variation d'éclairage de 1 à 4.

Le rôle du diaphragme dans les *vues fondantes* sera expliqué plus loin.

Manière de tourner la manivelle. — La manœuvre de la manivelle qui commande le mécanisme d'entraînement semble, à première vue, une opération très simple et qui ne demande aucun apprentissage. Cependant, sans présenter de sérieuses difficultés, elle exige une certaine habitude et des soins attentifs, car l'exactitude des mouvements reproduits par une vue cinématographique dépend de la façon dont elle a été *tournée*. Et le choix même de cette expression : *tourner une vue*, expression aujourd'hui consacrée par l'usage, atteste l'importance attribuée, en cinématographie, à l'opération initiale.

Sauf dans les cas exceptionnels, qui seront indiqués ci-après, le film positif est déroulé, par l'appareil de projection, à la même vitesse que le négatif.

L'allure normale des projections animées étant de 16 images par seconde, il faut que la pellicule sensible enregistre également 16 impressions par seconde. Le mécanisme de la plupart des appareils est combiné de telle sorte qu'un tour de manivelle équivaut à 8 tours d'obturateur. Il faut donc tourner normalement à 120 tours par minute, et il est facile d'en prendre l'habitude, après quelque apprentissage, en ayant sous les yeux une montre à secondes. L'opérateur doit surtout s'exercer à tourner très régulièrement, car un mouvement saccadé ou périodiquement accéléré puis ralenti se traduirait, à la projection, par des inégalités d'allures ou des gestes désordonnés.

La vitesse de 2 tours par seconde sera, bien entendu, modifiée, lorsqu'il sera nécessaire de ralentir ou d'accélérer certains mouvements, comme on le verra plus loin.

Déplacements de l'appareil. — En même temps que l'opérateur tourne de la main droite la manivelle d'entraînement du film, il doit souvent, dans les opérations en plein air, incliner son appareil de haut en bas ou de bas en haut, ou le faire tourner sur son axe vertical. Il se sert, à cet effet, des manivelles qui commandent les déplacements de la plate-forme à bascule ou de la plate-forme panoramique. Lorsqu'il suffit d'actionner une seule de ces manivelles, l'opérateur peut le faire lui-même, de la main gauche. Encore faut-il qu'il soit bien exercé à faire tourner simultanément les deux manivelles, celle de l'entraînement et celle de la plate-forme, à des allures et dans des sens différents.

S'il faut, en même temps, modifier l'ouverture de l'objectif, un aide est nécessaire pour régler le diaphragme, suivant les indications de l'opérateur. L'aide est également nécessaire dans les cas, assez fréquents, où il faut agir simultanément sur les deux plates-formes, par exemple pour suivre dans son vol un aéroplane qui monte ou qui descend et avance dans une direction perpendiculaire à l'axe optique.

Quand il s'agit seulement de suivre toujours le même sujet dans ses évolutions, il n'y a qu'à l'observer dans le viseur et à le maintenir constamment dans le champ, par la manœuvre des plates-formes. Mais, lorsqu'on se propose de faire défiler sous les yeux des spectateurs les aspects successifs d'un panorama, alors la condition essentielle est de tourner très régulièrement la manivelle du plateau horizontal. Cependant, cette règle n'est pas sans exceptions, car il est quelquefois utile de ralentir le mouvement, et même de l'arrêter complètement en face d'un objet particulièrement intéressant, comme le ferait d'ailleurs le spectateur lui-même, s'il était en présence de la réalité, parcourant d'un coup d'œil circulaire une vaste étendue et fixant complaisamment son regard sur tel ou tel sujet.

On prend également des aspects successifs, en installant l'appa-

Fig. 32. — Microcinématographie.

reil à bord d'un bateau, sur une voiture, dans un wagon, un ascenseur, un aérostat, etc.

Même à l'atelier, l'appareil est souvent monté sur un chariot à roulettes, à l'aide duquel on peut l'approcher progressivement du modèle, de telle sorte que celui-ci, à la projection, paraisse se précipiter sur le spectateur : c'est, avec plus de perfection et surtout plus d'animation, la fantasmagorie, dont les origines ont été rappelées au chapitre ɪ.

Vues documentaires. — Le goût du public moderne pour l'information précise et le document vécu a été le premier motif de la vogue du cinématographe. A ce point de vue, le film est sans rival, car l'œil humain ne voit qu'un aspect des choses et souvent les voit mal, et d'ailleurs on est toujours tenté de révoquer en doute le témoignage du dessinateur le plus consciencieux et le plus habile. Quant à la photographie ordinaire, elle ne nous rapporte que la vision d'un instant, figée dans l'immobilité.

Seul, le cinéma reconstitue à nos yeux la vie elle-même, dans ses manifestations successives et sa continuité.

De là le succès de ce que l'on a surnommé le *Journal cinématographique*, la projection des scènes d'actualité, saisies au jour le jour par des reporters d'un nouveau genre. C'est ainsi que défilent tour à tour, sur l'écran, le couronnement d'un roi, l'envol ou l'atterrissage d'un aviateur, les passionnantes péripéties d'une course, le défilé d'une armée, les évolutions d'une escadre, les funérailles d'un homme célèbre, et la dernière mode gentiment présentée par un mannequin tournant.

La prise de certaines de ces vues exige la présence de plusieurs opérateurs installés en des points différents, afin d'en enregistrer les phases diverses. Et même, en chacun de ces points, le même éditeur juge généralement prudent de poster deux ou trois opérateurs, qui tourneront chacun un film, de manière à diminuer le plus possible les risques d'insuccès.

A cette catégorie se rattache la reproduction des sites lointains : le film géographique jouit, à juste titre, d'une faveur marquée.

On peut y joindre aussi les vues dites de laboratoire, pour la reproduction d'expériences de physique et même d'opérations chirurgicales.

Conjugué avec le microscope et avec l'ultramicroscope, ce nouveau mode d'enseignement a permis d'initier le public aux plus étranges particularités de la vie, chez les infiniment petits.

L'exécution des vues documentaires exige surtout une grande régularité dans le déroulement des bandes sensibles, et un support bien stable, de manière à procurer l'illusion aussi parfaite que possible de la réalité.

D'ailleurs, les éditeurs soucieux de produire des films irréprochables n'hésitent pas à faire de grandes dépenses (plusieurs milliers de francs pour un seul sujet) et à ne négliger aucun élément de réussite.

Vues composées. — Il arrive parfois qu'un éditeur, mis dans l'impossibilité de prendre une vue documentaire, s'arrange cependant pour la reproduire, et c'est ainsi que le public a pu assister aux péripéties d'un naufrage survenu la nuit en pleine mer. Il est bien certain qu'il ne se trouvait sur les lieux du sinistre personne qui songeât à faire du cinéma ; mais ce détail n'est pas un obstacle insurmontable : l'atelier-théâtre, les décors, les accessoires, les acteurs sont là pour reconstituer ce qu'il a été impossible de reproduire d'après nature.

L'exemple qui vient d'être cité est un cas exceptionnel, car il est trop facile d'y découvrir la supercherie ; mais, bien souvent, les spectateurs croient assister à une scène réellement vécue, tandis qu'ils n'en voient que la reconstitution, habilement préparée de toutes pièces, à l'aide d'artistes costumés et grimés, évoluant soit dans le cadre naturel où l'événement s'est réellement déroulé, soit dans le cadre artificiel d'un décor peint et d'accessoires en carton.

Cependant, la destination principale de l'atelier cinématographique et de son personnel, c'est l'exécution des pièces de théâtre. Ces pièces sont tantôt empruntées à l'ancien répertoire, tragédies, comédies, drames, opéras et autres œuvres déjà jouées, mais qu'il est nécessaire de modifier pour les adapter à la projection, tantôt ce sont des sujets spécialement imaginés pour la cinématographie.

Dans un cas comme dans l'autre, les auteurs préparent des scénarios, et les rôles sont distribués aux acteurs qui doivent les mimer. De même qu'au théâtre, la représentation, ici remplacée par la prise du film, est précédée de répétitions partielles et de répétitions d'ensemble.

Il a été déjà question des décors (voir Chapitre IV) : ce que nous avons dit au sujet des couleurs du fond s'applique également à celles des costumes. On ne devra pas oublier que le bleu et le violet sont traduits par du blanc ; le jaune et le rouge, par du noir. Dans la confection des costumes spécialement destinés au cinématographe, on évite non seulement les nuances dont la photographie

Fig. 33. — Une scène de la *Guitare enchantée*, sous les remparts de Carcassonne.

rendrait mal la valeur, mais même le blanc pur, qui pourrait occasionner un *halo*, et on le remplace par du gris très clair ou du jaune paille. A ce point de vue, on doit se méfier des uniformes que l'on est quelquefois obligé de louer à des costumiers de théâtre, afin de compléter certains ensembles qui exigent l'habillement d'un nombreux personnel composant un défilé ou un cortège.

Les acteurs seront grimés avec plus de soin qu'au théâtre, car l'objectif photographique dessine minutieusement les moindres détails, et les fards multicolores habituellement employés sur la scène seront ici remplacés par des mélanges de blanc et de noir.

Un grand nombre de scènes, montées d'abord sur les planches
sont, une fois au point, jouées devant l'objectif dans des cadres
appropriés naturels, forêt, champ, rivage, château, etc. Telle action se passe dans les salles d'un vieux manoir, telle autre au
pied d'un rempart, comme le montre la figure 33, et chaque épi-
sode est situé de même dans le milieu susceptible de mieux le
mettre en valeur et de donner l'illusion la plus complète de la
réalité.

Artifices divers. — Pour varier le spectacle, ces reconstitu-
tions exactes sont suivies de scènes fantastiques, d'apparitions
étranges, de métamorphoses déconcertantes, de bizarreries en con-
tradiction avec les lois de la pesanteur et de la vie. Un homme se
coupe la tête et jongle avec elle ; un autre essaye en vain de se
déshabiller : à mesure qu'il ôte ses vêtements, d'autres viennent
se mettre sur son corps; un troisième marche tranquillement le
long d'un mur vertical ou sur le plafond, la tête en bas. Des
fantômes impalpables apparaissent vaguement, puis se matéria-
lisent et retournent ensuite au néant; un personnage est changé en
statue, un acrobate fait des bonds de dix mètres, etc. Il semble que
tous ces effets tiennent du merveilleux et soient très difficiles à
réaliser. On va voir cependant que le principe en est bien simple.

Mouvement à rebours. — Les instruments rudimentaires dont
nous avons parlé au début de ce livre, le zootrope, le phénakisticope, etc., permettaient déjà d'obtenir des effets très curieux, en
renversant le sens de rotation : les personnages couraient à reculons, la pluie remontait vers le ciel, la fumée se formait dans l'air
et s'engouffrait dans la cheminée.

Cet artifice devait donc naturellement être utilisé en cinématographie, et, de fait, ce fut le premier *truc* que l'on vit employer
dans les séances de projections animées. C'est d'ailleurs le plus
simple et le plus facile à réaliser : il suffit d'emmagasiner le film
vierge dans le magasin récepteur et de le faire passer dans le magasin débiteur, en tournant la manivelle à rebours. On peut aussi
charger comme d'habitude le magasin débiteur et tourner la manivelle dans le sens normal, mais en ayant soin de disposer l'appareil
sens dessus dessous.

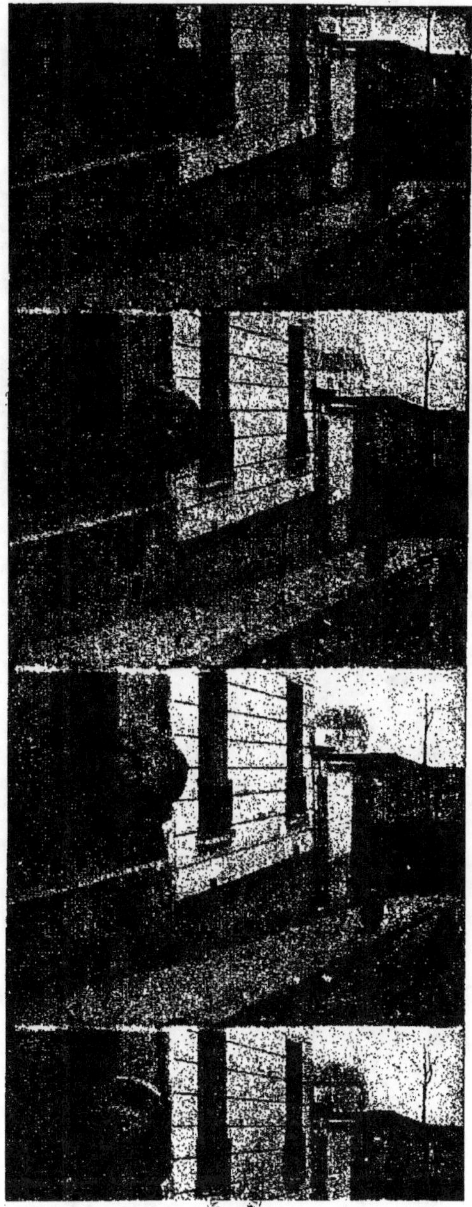

FIG. 34. — *La Course aux Potirons*, scène à rebours.

Dans un cas comme dans l'autre, rien n'est changé à la projection : on peut voir ainsi un buveur qui porte à sa bouche un verre vide et le quitte plein ; on incline une bouteille sur le verre, et le contenu du verre remonte vers la bouteille, qui se remplit. Un nageur surgit brusquement de l'eau, exécute un bond gigantesque et se trouve sur le rivage, près de ses vêtements épars. Un à un ces vêtements quittent le sol et viennent dans les mains de notre homme qui, finalement, s'éloigne à reculons et donne ainsi la clé de l'énigme.

La figure 34 reproduit un sujet bien banal par lui-même, mais que la prise à rebours rend extrêmement amusant. Il s'agit de quatre potirons aux flancs rebondis que l'on voit s'évader d'une charrette, remonter une rue en pente raide à une allure vertigineuse et, emportés par l'élan, sauter à l'entresol d'une maison. En réalité, les cucurbitacées ont été tout simplement jetées par la fenêtre et n'ont eu qu'à rouler sur le pavé en pente.

Disposition latérale ou renversée. — Pour représenter des personnages ou des véhicules montant le long de parois verticales, sans aucun point d'appui, il suffit de disposer un décor représentant un appartement avec le plafond et le plancher sur deux des parois verticales. L'appareil sera monté sur un support spécial et tourné de 90°. Pour montrer un personnage marchant au plafond, la tête en bas, on peindra un décor complètement inversé, sens dessus dessous, et l'appareil, élevé à hauteur suffisante, sera retourné de 180°.

Changements de vitesse. — La manœuvre régulière de la manivelle d'entraînement est parfois modifiée intentionnellement. Veut-on, par exemple, qu'à la projection un mouvement paraisse plus rapide qu'il n'est en réalité : il n'y a qu'à tourner plus lentement, à la prise du sujet. Au contraire, pour ralentir en apparence le mouvement, on tournera plus vite.

Les appareils actuels contiennent d'ailleurs généralement un mécanisme qui permet de changer les rapports de vitesse entre la manivelle et l'obturation, de sorte que l'opérateur peut très facilement, sans modifier la manœuvre à laquelle il est habitué, enregistrer dans un laps de temps déterminé un plus ou moins grand nombre d'images.

On peut également accélérer un mouvement en supprimant des images du négatif. On voit alors des personnages, des foules entières animés de gestes frénétiques, exécutant des courses folles. Ou bien, c'est un convive qui vide en un clin d'œil plusieurs verres, plusieurs bouteilles, tandis qu'un autre gruge avec une avidité inouïe plusieurs douzaines d'huîtres.

Le mouvement très ralenti a été appliqué à des recherches scientifiques, et le cinématographe a accompli là des merveilles, en faisant suivre au spectateur un phénomène en réalité insensible à la vue par sa trop longue évolution. Telle est, par exemple, la germination d'un grain de blé, la croissance du chaume, le développement de l'épi : les images sont prises à raison de 5 par heure seulement, tandis qu'elles sont projetés à la vitesse normale de 16 par seconde. Ainsi les vues scientifiques elles-mêmes sont *truquées ;* mais elles n'en donnent pas moins un enseignement exact, puisqu'on est prévenu que l'on a sous les yeux un phénomène reproduit en raccourci.

Impressions fractionnées. — Les apparitions et disparitions soudaines, les substitutions, les déplacements d'objets inanimés s'effectuent le plus aisément du monde, pendant que l'opérateur cesse de tourner la manivelle. Veut-on, par exemple, qu'un vieillard soit subitement rajeuni, comme on le voit dans *Faust*? Arrivé au moment où la métamorphose va s'accomplir, on arrête le déroulement du film, le vieillard s'éloigne, un jeune homme vient prendre la place qu'il occupait, et l'opérateur recommence à tourner la manivelle.

Pour faire disparaître les meubles, on procède de même par interruption ; seulement, il est nécessaire que les personnages restés en scène conservent la même attitude, pendant que les machinistes procèdent à l'enlèvement, ou sachent ensuite les reprendre exactement.

Il arrive souvent qu'il est nécessaire de supprimer quelques images ; mais, à la projection, la lacune passera inaperçue. Cette observation s'applique d'ailleurs à la plupart des vues dont l'exécution a exigé l'emploi d'un artifice.

Fig. 15. — Substitution.

Fig. 36 à 38. — Apparition graduelle.

C'est également par impressions fractionnées que l'on procède, pour montrer un objet inerte, comme une chaise, une table, qui se déplace, ou bien un outil qui semble tenu par une main invisible. On a pu voir une masse informe de terre à modeler, un bloc de marbre se façonner peu à peu, jusqu'à devenir une statue. De semblables vues sont très longues à préparer. Dans le cas, par exemple, de la statue, il faut que le sculpteur façonne le bloc ; seulement, après chaque coup d'ébauchoir ou de ciseau, il se recule, de manière à sortir du champ de l'objectif, et l'opérateur ne prend qu'une seule image. Si l'on veut que la statue ainsi créée semble ensuite revenir à l'état de bloc informe, il suffit d'assembler bout à bout deux bandes positives, imprimées, l'une sous le négatif normalement déroulé et l'autre sous le même négatif déroulé à rebours.

L'exécution des vues image par image se prête à des applications très variées et parfois très curieuses. Nous citerons, entre autres, la *composition musicale :* sur l'écran de projection, d'abord tout blanc, on voit apparaître un trait horizontal, qui s'allonge jusqu'à occuper presque toute la largeur de la surface éclairée ; quatre autres lignes parallèles se dessinent de même, puis c'est une clé de sol qui se montre, exécute quelques pirouettes et vient se fixer à la gauche des cinq lignes parallèles formant une portée de musique. C'est, ensuite, une pluie de notes, blanches, noires, croches ou doubles croches, bémols, dièses, etc., qui tourbillonnent et finissent par prendre leur place sur la portée, de manière à former la notation d'un air de musique. Tout cela est très facile à exécuter et n'exige que du temps et de la patience, mais le spectateur pénétrera rarement le secret du procédé employé, s'il ignore le principe des poses fractionnées.

Fondu. — Les brusques apparitions, les soudaines métamorphoses, obtenues par arrêt, sont d'un effet moins saisissant que les substitutions graduelles et la progressive matérialisation de fantômes d'abord vagues, translucides, êtres de rêve qui paraissent flotter sur un fond de décor, comme une légère brume, puis vont se précisant et deviennent enfin un personnage naturel qui évolue sur la scène.

On savait, depuis longtemps, obtenir au théâtre des effets analogues, à l'aide d'une glace oblique alternativement éclairée par devant et par derrière. On arrive à des résultats plus parfaits, en cinématographie, par la manœuvre du diaphragme combinée avec une double impression. C'est ce que l'on appelle les *vues fondantes* (*dissolving views*, disent les Anglais), ou, pour abréger, le *fondu*.

Au moment où doit commencer l'apparition du fantôme, un coup de sifflet du metteur en scène avertit tous les acteurs d'avoir à garder une immobilité complète. L'opérateur continue à tourner la manivelle, mais il ferme graduellement le diaphragme, après avoir jeté un coup d'œil sur le compteur. La partie du film exposée dans ces conditions est composée d'un certain nombre d'images, une centaine généralement, de moins en moins impressionnées. Le personnage que l'on veut faire apparaître vient alors prendre la place qui lui est assignée, et l'opérateur tourne la manivelle à rebours après avoir mis sur l'objectif le bouchon qui intercepte toute lumière. Le compteur lui indique où il doit s'arrêter. Il ouvre alors de nouveau l'objectif et recommence à tourner dans le sens normal, mais en agrandissant progressivement le diaphragme. Chaque image reçoit ainsi le complément de pose qui lui manquait, mais le fantôme ne laisse qu'une impression très faible sur les images revenues devant l'objectif avec le diaphragme très rétréci. A mesure que l'ouverture s'agrandit, l'image du fantôme se précise et finit par avoir la même intensité que celle des autres parties de la scène, quand le diaphragme est revenu à sa largeur primitive.

La même combinaison s'applique aux substitutions. Quand un personnage doit être remplacé par un autre, il reste un instant immobile, pendant que l'opérateur ferme progressivement le diaphragme, puis s'éloigne. L'opérateur bouche l'objectif et fait remonter le film de la quantité voulue, pendant que le nouveau personnage vient occuper la place du premier. L'objectif est alors découvert, et la bande déroulée de nouveau, pendant que le diaphragme est progressivement ouvert.

Surimpression. — Avec un fond noir, qui occupe tout le fond de la scène ou seulement une partie, il est possible de réaliser des combinaisons très surprenantes, en faisant défiler deux ou plusieurs fois la même bande. C'est ainsi qu'on pourra montrer le même personnage jouant aux cartes avec lui-même, une table autour de laquelle sont assis plusieurs convives qui ne sont en réalité qu'une

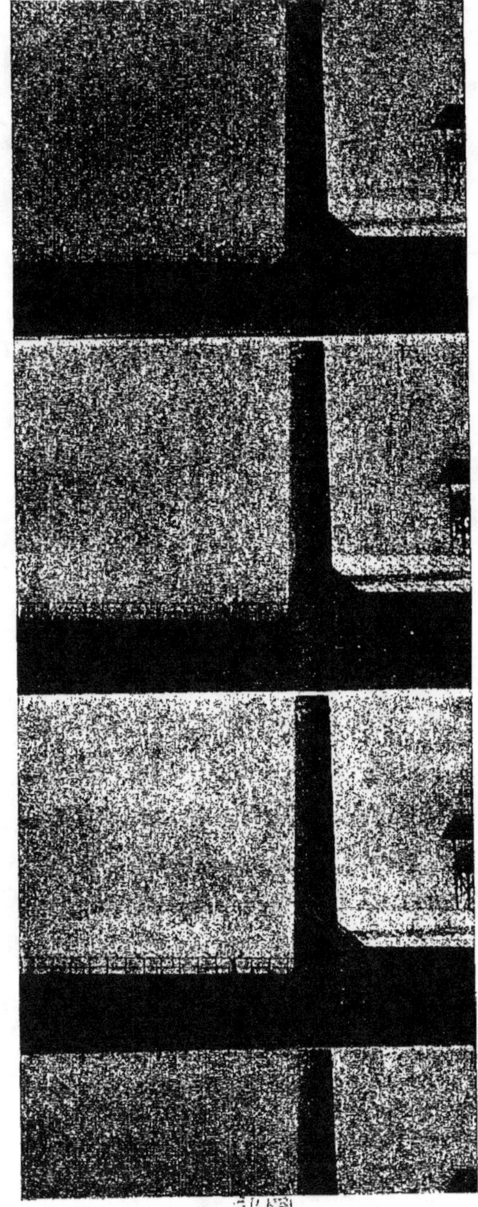

Fig. 39. — Chute d'une cheminée.

Fig. 40. — Chute d'une cheminée (*suite*).

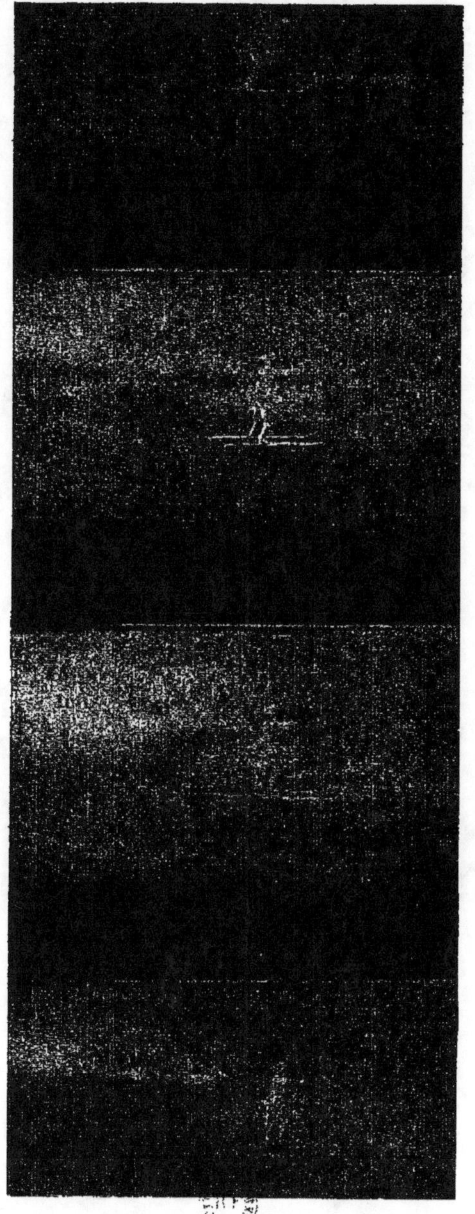

Fig. 41. — Skieur dans les nuages.

seule et même personne se livrant à des mimiques toutes différentes.

La surimpression se fait parfois sur un fond naturel, une seule des séries de pose étant exécutée sur fond noir. On peut ainsi prendre deux négatifs distincts et les superposer pour l'impression des positifs. Les figures 39, 40 et 41 en montrent un exemple. On a réuni un film documentaire, reproduisant la démolition d'une cheminée, et un skieur évoluant en scène devant un fond noir.

Dans les figures suivantes, le skieur a d'abord été cinématographié en scène, sur fond noir, puis le même film a été tourné devant un ciel nuageux.

En modifiant la distance de l'appareil entre deux impressions à superposer, on obtient de singulières différences de proportions, et il est relativement facile de retracer ainsi les aventures de Gulliver au pays de Lilliput.

CHAPITRE VI

DÉVELOPPEMENT

Laboratoire. — Les émulsions destinées à l'impression des négatifs cinématographiques sont très sensibles, et le moindre accès de lumière blanche dans le laboratoire suffirait à les mettre en un instant hors d'usage. La salle où doit s'effectuer le développement sera donc disposée de manière à éviter tout risque de voile ; il n'y aura point de fenêtre : la ventilation s'y fera par des conduites coudées et peintes intérieurement en noir ; l'entrée en sera précédée d'un tambour à deux portes combinées de telle sorte que l'une ne puisse s'ouvrir sans que l'autre soit fermée.

L'éclairage sera fourni par des lanternes à verres rouges ou verts, analogues à celles dont on se sert dans les procédés photographiques ordinaires. Ces lanternes seront éclairées de préférence à l'aide de lampes électriques à incandescence, qui offrent le triple avantage de ne pas vicier l'air, de chauffer très peu et de s'allumer instantanément par la simple manœuvre d'une clé. On disposera plusieurs lanternes, de distance en distance, suivant les dimensions de la pièce et l'importance du travail qui s'y exécute, au moins une par cuve de développement. En outre, il sera nécessaire d'avoir une ou plusieurs lampes mobiles, lampes à incandescence entourées d'un manchon de verre rouge et reliées par des fils souples à des prises de courant (*fig.* 42) : elles sont très utiles pour éclairer momentanément les parties restées dans l'ombre ou pour suivre par transparence la marche du développement. On pourra aussi installer une ou plusieurs lampes électriques ordinaires, sans écran inactinique, afin de pouvoir éclairer en lumière blanche le laboratoire, lorsqu'on n'y manipule point de film, et surtout lorsqu'il est nécessaire de procéder à des réparations. Seulement, il est essentiel de relier ces lampes à des interrupteurs de forme spéciale, tout différents de ceux qui servent à donner le courant aux lampes rouges, de manière à éviter toute méprise pendant le développement, l'allumage intempestif d'une seule lampe à lumière blanche pouvant suffire à voiler des centaines de mètres de pellicules.

Les murs du laboratoire seront peints en blanc : quand ils ne recevront que de la lumière rouge ou verte, ils ne pourront pas réfléchir d'autre couleur, et l'on aura le maximum d'éclairage sans risque de voile. Si les parois étaient de teinte foncée, elles absorberaient en pure perte une notable partie de la lumière émise, sans aucun avantage au point de vue photographique. Il faut, en effet, s'éclairer largement pour apporter tous les soins voulus aux manipulations et notamment pour contrôler la venue des images, qui sont très petites, et c'est moins la quantité de lumière que la nature des radiations qui peut avoir des effets nuisibles sur les émulsions.

Du reste, tout laboratoire nouvellement construit ou nouvellement modifié doit être soumis à un essai. A cet effet, on allume les lampes à écran rouge ou vert, et on laisse exposé à cette lumière, pendant quelques minutes, un morceau de plaque ou de pellicule sensible dont on a recouvert la moitié d'un carton noir ou de tout autre objet opaque. Il est facile ensuite de vérifier si la surface laissée à découvert a été impressionnée, en plongeant dans un bain de développement la couche sensible soumise à l'expérience.

Fig. 42. Lampe électrique portative.

Le sol offrira une légère pente pour faciliter l'écoulement des liquides, et on le recouvrira de claies en bois pour ne pas se mouiller.

La salle sera chauffée, pendant l'hiver, car les révélateurs agissent mal à basse température. Le métol-hydroquinone, notamment, qui est actuellement le développateur le plus fréquemment employé en cinématographie, est très sensible aux variations thermométriques. C'est pourquoi il faudra maintenir dans le laboratoire une température constante de 15 à 18°, même pendant la nuit, afin que les bains qui séjournent dans les cuves ne se refroidissent pas. Le mode de chauffage adopté doit, bien entendu, exclure toute flamme visible : on se sert généralement de radiateurs à vapeur.

L'eau est un élément essentiel de toute installation photographique, et il est nécessaire de l'avoir en abondance. De grands réservoirs et une double canalisation assureront l'alimentation et la vidange de chaque cuve. Dans certaines installations, les bains sont amenés jusqu'aux récipients qui leur sont destinés au moyen de pompes électriques. Si l'on a la faculté de choisir entre plusieurs eaux de provenances différentes, on utilisera la moins calcaire et la plus limpide. L'eau trouble sera décantée ou filtrée.

Châssis à développer. — Les premiers films cinématographiques étant assez courts, leur développement ne présentait aucune difficulté : il suffisait de verser dans un seau une dizaine de litres de révélateur et d'y plonger d'un mouvement uniforme la

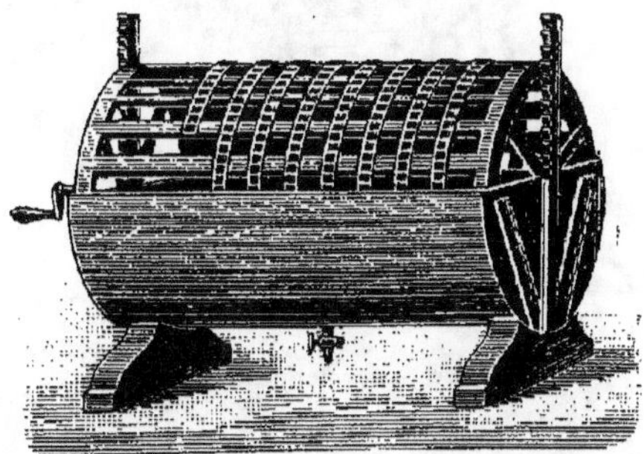

Fig. 43. — Châssis à développement cylindrique.

pellicule préalablement déroulée. Cette disposition est inapplicable aux longues bandes que l'on emploie actuellement et exigerait d'ailleurs une trop grande quantité de révélateur.

Il faut que toute la surface de l'émulsion soit mise également en contact avec le bain de développement, et il faut pouvoir suivre la venue des images. Pour réaliser ces conditions, divers moyens ont été proposés, mais tous exigent l'enroulement du film, émulsion en dehors, sur un châssis à large surface, que l'on plonge ensuite dans un récipient de forme appropriée.

Le châssis cylindrique (*fig.* 43) était le plus fréquemment employé, il y a quelques années; actuellement, on tend à l'abandonner, du moins pour le développement, et à en limiter l'usage aux opérations de virage ou de renforcement. La surface cylindrique en est constituée par des lattes en bois fixées à leurs extrémités sur deux cercles de 50 à 80 centimètres de diamètre dont le centre est traversé par un axe à manivelle. Cet axe repose sur deux montants verticaux, au-dessus d'une cuve demi-cylindrique, et peut se déplacer dans le sens vertical. La pellicule étant enroulée, gélatine en dessus, autour du cylindre, on verse le bain dans la cuve, on fait descendre l'axe horizontal, et l'on tourne la manivelle : toutes les parties de la surface du film viennent ainsi plonger successive-

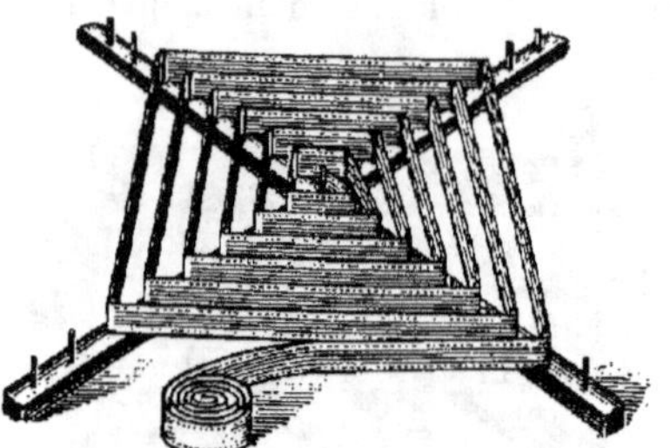

Fig. 44. — Cadre à développement horizontal.

ment dans la cuve, et s'imprègnent régulièrement du liquide qu'elle contient.

Une autre disposition consiste à dérouler la pellicule sur un châssis plat, muni de pointes perpendiculaires à sa surface (*fig.* 44). On attache au clou central l'une des extrémités du film, que l'on déroule de manière à former autour de ce centre des spires écartées les unes des autres par l'espace laissé libre entre les pointes : celles-ci maintiennent la pellicule tendue. Il va sans dire que c'est le côté en celluloïd et non la surface gélatineuse qui doit se trouver en contact avec les pointes. Le tout est ensuite plongé dans une large cuvette horizontale. Cette disposition n'exige qu'une faible quantité de bain, mais la grande surface exposée à l'air en facilite l'oxydation. En outre, le montage sur châssis à pointes est assez délicat et exige des opérateurs expérimentés.

Dans la plupart des ateliers, on se sert actuellement du châssis représenté par les figures 45 et 46. Deux cadres en acajou ou en noyer d'Amérique sont montés concentriquement et portent sur deux

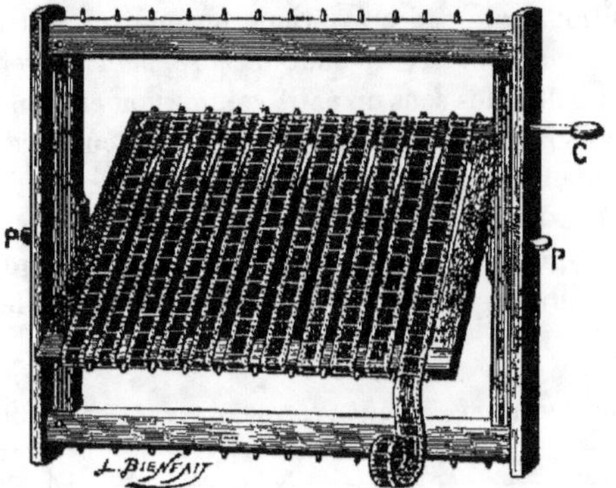

Fig. 45. — Châssis-cadre Pathé. Enroulement du film sur le cadre intérieur.

de leurs côtés une série de pointes ou picots servant à séparer les spires successives de la pellicule. Pour procéder à l'enroulement,

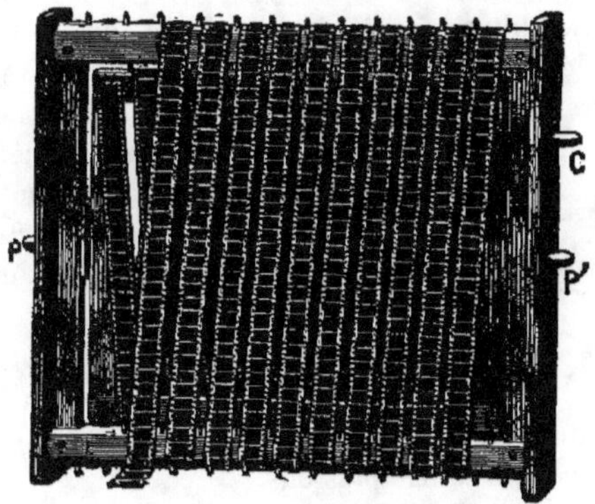

Fig. 46. — Châssis-cadre complètement garni.

on dispose le cadre de manière que les deux croix se trouvent en regard, à gauche de l'opérateur ; on fixe l'extrémité du film avec une punaise sur un coin du cadre intérieur, près de la croix, gélatine en dessus, et on en entoure le cadre en le faisant pivoter autour de l'axe PP'. Quand le cadre intérieur est complètement garni, on le place parallèlement au cadre extérieur, on l'immobilise dans cette position à l'aide de la cheville C, et on continue l'enroulement du film sur le cadre extérieur jusqu'à son extrémité, que l'on fixe par une punaise. Ce double cadre peut contenir de 20 à 25 mètres de pellicules sous un petit volume ; on en immerge généralement deux parallèlement dans une même cuve verticale, qui permet ainsi de développer simultanément 50 mètres de film avec une quantité restreinte de révélateur.

Pour éviter que le bois des châssis absorbe les liquides, il est bon de les enduire de paraffine bouillante ou de les tremper dans :

Tétrachlorure de carbone	25 litres
Benzine	25 —
Paraffine	1 kilo
Bitume de Judée	1 —

On renouvellera ce traitement, autant que possible, tous les quinze jours, après avoir lavé et laissé sécher les châssis.

Cuves. — Les films enroulés sur les cadres qui viennent d'être décrits sont développés, fixés et lavés dans des cuves verticales dont les figures 47 et 48 montrent la disposition générale. Ces récipients ont environ 1 mètre de longueur, un peu plus de hauteur ; quant à leur largeur, elle est juste suffisante pour l'introduction d'un cadre ou de deux : dans ce dernier cas, des rainures séparent les deux châssis. Le fond présente une pente, pour faciliter

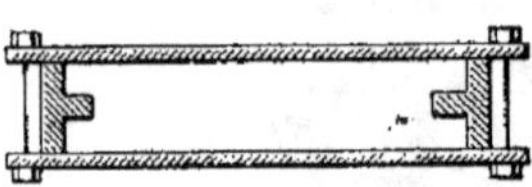

Fig. 47. — Plan de cuve à rainure.

l'écoulement du liquide, lorsqu'on vide la cuve, en ouvrant un robinet placé dans le coin le plus bas.

Ces cuves sont parfois construites en bois assemblé comme les tonneaux, avec cercles de renforcement, ou simplement vissé et joint à la céruse. Elles ne sont étanches qu'à la condition de rester constamment mouillées.

Il est préférable d'employer des récipients en ardoise : le prix en est plus élevé, mais ils sont plus durables et ne risquent pas d'altérer les bains.

Les parois sont assemblées par des boulons et jointes au ciment ou à la gutta-percha.

Chaque rainure doit être surmontée d'un taquet de retenue, destiné à maintenir immergés les cadres de bois, plus légers que l'eau.

La hauteur de ces cuves dépassant 1 mètre, on les encastre généralement dans le plancher, de façon que leur base soit au-dessous du niveau des claies, afin de faciliter la manœuvre des châssis et la surveillance du développement.

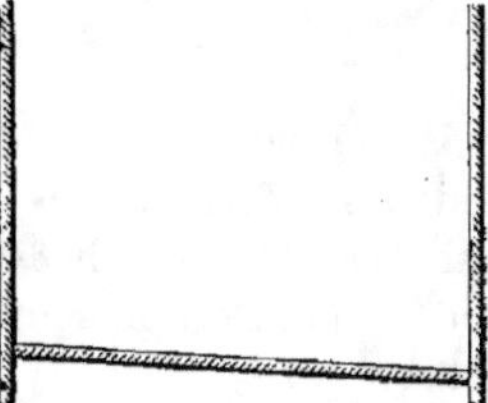

FIG. 48. — Coupe de cuve verticale.

A défaut, on établira des tréteaux ou une marche surélevée devant chaque récipient. Au-dessus, deux robinets sont installés : l'un est relié à la canalisation d'eau, l'autre communique par un tuyau avec la salle dans laquelle les bains sont préparés ou avec un réservoir placé dans le laboratoire.

Préparation des bains. — Dans les usines où se consomment de grandes quantités de bains, on chauffe les récipients destinés à leur préparation par la vapeur sous pression, qu'on y fait arriver à l'aide d'un tuyau souple, jusqu'à ce que l'eau ait atteint la température de 50 à 60°. On se sert aussi du gaz, que l'on utilise dans des appareils analogues aux chauffe-bains.

Les récipients dans lesquels s'effectue la préparation des solutions sont des marmites de tôle émaillée ou des cuves en bois, au milieu desquelles tournent des agitateurs à palettes mus par des manivelles. Le brassage du mélange, ainsi que le chauffage de l'eau, activent la dissolution.

Le pesage des produits à dissoudre ferait perdre trop de temps : pour chaque produit, le préparateur a une mesure, un récipient jaugé contenant la dose voulue.

Les produits étant achetés par grandes quantités, il sera bon de prélever sur chaque livraison un petit échantillon dont on fera l'essai, suivant les méthodes usitées en pareil cas. A cet effet, l'essayeur pourra consulter avec fruit l'ouvrage de M. Camille

Poulenc : *Les Produits chimiques purs en photographie* (Charles Mendel, éditeur).

Chaque bain est refoulé par une pompe spéciale (une pompe centrifuge, ordinairement), soit directement dans les cuves, soit dans un réservoir.

Révélateurs. — Le développement des négatifs cinématographiques n'exige point de formule spéciale : tous les révélateurs usuels sont susceptibles de donner de bonnes images, et le choix qu'on en fait est généralement déterminé par des motifs étrangers à l'art.

Il est certain que si les éditeurs n'avaient d'autre souci que d'obtenir en toutes circonstances de beaux contrastes, sans dureté, et un très riche modelé, ils accorderaient la préférence au révélateur à l'acide pyrogallique. Malheureusement, le bain est coûteux, d'autant plus qu'il faudrait souvent le renouveler en entier, car il s'altère rapidement par oxydation ; de plus, il communique à la gélatine une coloration jaune qui retarde le tirage des positifs ; on peut, il est vrai, décolorer le négatif, mais ce traitement supplémentaire prolonge les opérations et y ajoute une dépense dont le directeur d'une grande industrie est obligé de tenir compte. Le pyrogallol doit donc rester dans le domaine des vues artistiques, et son application à la cinématographie sera toujours exceptionnelle.

Le révélateur au diamidophénol a été proposé par MM. Lumière, qui le préparent selon la formule suivante :

Eau	10 litres
Diamidophénol.........................	50 grammes
Sulfite de soude anhydre.................	250 —

Cette quantité de solution représente la contenance d'un seau et s'applique à la méthode dont nous avons parlé précédemment, au sujet des pellicules relativement courtes, qu'il n'est pas nécessaire d'enrouler sur un cadre.

Le diamidophénol fournit d'excellents négatifs, doux et harmonieux, peut-être insuffisamment vigoureux pour la cinématographie. Son principal inconvénient est de s'altérer assez rapidement ; il est, en outre, assez brusque et corrige mal les écarts de pose.

La plupart des industriels préfèrent actuellement le révélateur au métol-hydroquinone, qui se conserve bien et se prête au développement successif de plusieurs cadres dans la même cuvée. L'image obtenue est vigoureuse et brillante ; on pourrait lui reprocher un peu de dureté dans les contrastes, mais, telle quelle, elle plaît au public.

Pour le préparer, on mélange :

Eau	1.000 cm³
Métol...	3 gr.
Hydroquinone.....................................	7 —
Sulfite de soude anhydre........................	60 —
Carbonate de potasse	40 —
Bromure de potassium	2 —

Pour l'usage, on ajoute 1.000 centimètres cubes d'eau.

Cette formule n'est pas immuable, et, dans plusieurs ateliers, on la modifie suivant l'effet à réaliser. L'hydroquinone tend à donner des clichés intenses, mais durs, tandis que le métol fournit des images douces, avec tendance au voile : on obtient donc des différences de contrastes, en faisant varier les proportions de ces deux éléments.

Le bain au métol-hydroquinone est très sensible aux variations de la température. C'est pourquoi il est indispensable de chauffer le laboratoire, de manière à empêcher toute modification de l'énergie révélatrice.

Conduite de développement. — Les cuves verticales à rainures, destinées à recevoir deux cadres, contiennent environ 100 litres de révélateur.

Chaque cadre complètement entouré de film en enlève environ 200 à 400 centimètres cubes que l'on remplace par autant de bain neuf : cette addition suffit pour entretenir une énergie pratiquement constante.

De temps en temps, cependant, il est nécessaire de vider entièrement la cuve, de la laver abondamment et de la remplir de solution fraîchement préparée.

Après avoir immergé un cadre, il faut immédiatement le sortir, puis le plonger de nouveau, le sortir encore, à plusieurs reprises, afin de chasser les bulles d'air qui pourraient rester adhérentes à l'émulsion et se traduiraient par autant de taches transparentes.

Quand la gélatine est bien imbibée, on laisse le cadre enfoncé, et on le maintient dans cette position en tournant le taquet qui surmonte la cuve.

Pour surveiller la venue de l'image, on soulève de temps en temps le cadre, et l'on examine le film à la lueur d'une lampe à verre rouge. L'enroulement de la pellicule rend assez difficile l'examen par transparence, et l'on s'en tient souvent au contrôle par lumière réfléchie qui, d'ailleurs, suffit presque toujours à un opérateur expérimenté. Du reste, cet examen même est rendu inutile par le développement chronométré, effectué à la suite d'un essai préalable.

Cet essai est nécessaire pour tirer le meilleur parti d'un film, quelles que soient les circonstances de la pose. Une exposition trop courte aboutirait à des images dures, sans demi-teintes, si le développement s'effectuait dans le révélateur normal ; une pose trop longue conduirait, au contraire, à des négatifs voilés et trop peu vigoureux. On peut, il est vrai, corriger ces défauts, dans une certaine mesure, en prenant quelques précautions au tirage des positifs. Si les négatifs sont durs, on tirera les positifs sous lumière intense, et on développera dans un révélateur dilué, où le métol prédominera ; s'ils sont doux, on tirera sous lumière faible, et le révélateur sera employé en solution normale ou avec un excès d'hydroquinone.

Il vaut mieux obtenir toujours des négatifs doux, qui seuls permettent d'avoir des positifs bien détaillés, avec de beaux noirs. Pour tirer parti d'un négatif dur, on est obligé de surexposer les positifs et de les développer en bain dilué, comme nous venons de le voir ; mais, dans ces conditions, les noirs sont peu vigoureux ou présentent des tonalités jaunâtres.

De là, la nécessité de modifier la composition du révélateur, suivant la nature du sujet, son éclairage et la vitesse d'obturation, afin de compenser, dans une certaine mesure, l'excès ou le manque de contrastes du modèle, ainsi que la surexposition ou la sous-exposition.

A cet effet, on aura soin de préparer plusieurs bains de développement de compositions différentes. En pratique, trois bains suffisent: un bain normal, un bain dilué de son volume d'eau, pour les sujets à contrastes exagérés, et, pour les sujets plats ou surexposés, un bain additionné de bromure ou du retardateur proposé par M. Namias:

Eau	1.000 cm³
Acide borique	30 gr.
Bromure de potassium	100 —

Cette solution est versée dans le révélateur à raison de 10 0/0.

Dans la photographie sur plaques de verre ou sur pellicule de faible longueur, le développement à trois bains s'effectue en plongeant d'abord le cliché dans le révélateur normal: dès que l'image se dessine, son aspect indique à l'opérateur s'il peut continuer le développement dans le même bain, ou s'il faut l'achever dans le bain plus énergique ou dans le bain plus faible. En cinématographie, il est rarement possible de procéder ainsi, d'abord parce que les petites images sont difficiles à examiner, ensuite parce que le poids et les dimensions du châssis se prêtent mal à une manœuvre qu'il est nécessaire d'exécuter très rapidement.

Il faut donc, autant que possible, commencer par prélever un morceau du film à développer, et l'essayer dans le bain normal, en ayant soin de noter le temps nécessaire à l'achèvement du négatif. Si ce spécimen est satisfaisant, il n'y a qu'à immerger le châssis dans le même bain et à l'y laisser le même laps de temps. Dans le cas contraire, on fera un nouvel essai avec un second échantillon plongé dans un révélateur différent.

Dès que le développement est achevé, il faut sortir rapidement le cadre, et le plonger dans une cuve pleine d'eau, afin d'arrêter immédiatement l'action révélatrice qui, en continuant, donnerait des images trop opaques. Le lavage a aussi pour but d'empêcher l'introduction, dans le bain de fixage, du révélateur dont la gélatine est imprégnée, et d'éviter l'altération de ce bain ainsi que le voile dichroïque.

Les cuves destinées au lavage qui suit le développement sont généralement construites de la même manière que celles qui contiennent le révélateur.

CHAPITRE VII

ACHÈVEMENT DES NÉGATIFS

Fixage. — Les films développés et sommairement lavés sont ensuite immergés dans le fixateur, qui dissout le bromure d'argent resté inattaqué. On emploie à cet effet une solution d'hyposulfite de soude rendue légèrement acide par addition de bisulfite de soude :

```
Eau...................................   1.000 cm³
Hyposulfite de soude..................     200 gr.
Bisulfite de soude liquide............      40 —
```

On peut aussi préparer le fixateur, en mélangeant :

```
A. Eau................................   1.000 cm³
   Hyposulfite de soude...............     250 gr.
B. Eau................................      60 cm³
   Sulfite de soude...................       7 gr. 5
   Acide sulfurique...................       5 cm³
```

L'acide ne doit être ajouté qu'après complète dissolution du sulfite. On versera ensuite la solution B dans la solution A.

Ces fixateurs acides offrent le double avantage de donner des images plus pures et de brunir moins vite qu'un bain neutre. Ils peuvent servir au fixage de plusieurs séries de films, jusqu'à ce qu'ils soient notablement colorés.

Les cuves destinées au fixage sont généralement disposées de la même manière que celles qui servent au développement. Cependant, pour ne pas trop encombrer le laboratoire, quelques industriels font installer des cuves à quatre ou six rainures, permettant de fixer simultanément les pellicules provenant de deux ou de trois cuves à développement. Les cadres sont maintenus immergés dans le fixateur pendant un quart d'heure à vingt minutes, puis passent au lavage qui doit éliminer l'hyposulfite.

Lavage. — Les pellicules, une fois fixées, n'ont plus besoin d'être protégées de la lumière blanche. Et comme les manipulations s'effectuent plus commodément au grand jour qu'à la lumière rouge émise par les lanternes du laboratoire, on préfère, dans la plupart des ateliers, effectuer les opérations suivantes dans une salle distincte, largement éclairée.

Pour faire passer les châssis du laboratoire dans cette salle sans risquer de voiler les films non fixés, on dispose entre les deux pièces, soit une double porte, soit une armoire cylindrique montée sur un axe vertical, analogue aux *tours* des couvents et des anciens hospices.

Le sol de la salle de lavage est cimenté et recouvert de claies, comme le laboratoire, et présente également une légère pente pour l'écoulement des eaux, qui y sont employées en grande abondance. Le lavage s'effectue généralement dans des cuves verticales, analogues aux cuves de développement, mais plus larges, avec un plus grand nombre de rainures, un seul ouvrier suffisant pour surveiller plusieurs cadres.

Les films doivent être lavés pendant deux heures, au moins, dans une eau fréquemment renouvelée.

Séchage. — Si les pellicules étaient directement mises à sécher à leur sortie de l'eau de lavage, elles se recourberaient en cornet et subiraient un retrait qui les rendrait d'autant plus inutilisables que le celluloïd serait devenu cassant. On évite cet inconvénient en glycérinant le film. A cet effet, les cadres sont trempés, pendant cinq minutes, dans :

Eau.................................	7 litres 500 cm³
Alcool à 95°.........................	2 — 500 —
Glycérine	250 —

Les châssis sont ensuite portés dans la salle de séchage, où on les accroche à des tringles.

Dans les ateliers dont la production est assez importante, il faut prévoir un système de séchage rapide par aérocondenseur.

Si le film est simplement suspendu dans une pièce ordinaire, la dessiccation de la gélatine s'effectuera normalement en une dizaine d'heures. Ce laps de temps est beaucoup trop long, lorsqu'il s'agit de films d'actualité. Dans ce cas, la pellicule est montée sur un tambour à axe horizontal; on essore doucement la couche gélatineuse disposée en dehors, en la pressant avec une peau de chamois préalablement humectée d'eau légèrement additionnée d'alcool, puis le tambour est mis en rotation rapide, environ 100 à 150 tours par minute.

Au lieu d'enrouler la pellicule sur un tambour, on peut la laisser sur le cadre, s'il est muni de pivots comme on le voit sur le modèle représenté figure 46. Les pièces PP' s'adaptent à un axe actionné par un moteur électrique de 1/4 de cheval. L'eau est alors chassée par la force centrifuge, et le déplacement de l'air provoqué par le mouvement du châssis active l'évaporation. La dessiccation se trouve ainsi achevée en une demi-heure.

Il ne faut, en aucun cas et sous aucun prétexte, chercher à abréger le séchage par immersion dans l'alcool, qui déformerait le film et le mettrait absolument hors d'usage.

Les gouttes d'eau qui restent sur le film, du côté du celluloïd, au moment où le cadre est sorti de la cuve de lavage, laissent en se séchant un léger résidu qu'il est nécessaire d'enlever, car ces traces feraient ombre, au tirage, et les positifs présenteraient des inégalités d'impression.

Dans les petites usines, le nettoyage du verso se fait à la main. On pose le film, gélatine en dessous, sur une planchette recouverte d'une peau de chamois, et l'on frotte le celluloïd, d'abord avec un chiffon trempé dans de l'eau faiblement additionnée d'alcool, puis avec un chiffon sec ou une peau de chamois. Cette méthode est longue, un ouvrier ne pouvant nettoyer que 300 mètres de film par heure. C'est pourquoi il a fallu combiner des machines qui mouillent et essuient le film. Telle est, par exemple, la machine Prévost.

Le film à nettoyer est d'abord enroulé sur une bobine. Il passe ensuite sur une mèche de coton imbibée d'alcool, puis sous une roue qui le presse contre une courroie garnie de peau de chamois et actionnée par des poulies, qui lui communiquent un mouvement opposé à celui du film. On peut ainsi essuyer environ 400 mètres de pellicules en dix minutes.

Vérification. — Avant de procéder au tirage des positifs, il est nécessaire d'examiner avec soin les négatifs. Cet examen se fait généralement par projection, l'agrandissement des images mettant immédiatement en évidence des défauts qui auraient pu rester inaperçus à la vue directe. On exécute souvent plusieurs négatifs de la même scène, et on choisit le meilleur. Au besoin on recommence tout, ou seulement les scènes mal réussies. Parfois, il est seulement nécessaire de modifier le négatif, par renforcement ou affaiblissement, ou d'enlever le voile dichroïque qui nuirait au tirage.

Renforcement. — Il est très rare que l'on renforce les négatifs cinématographiques, car la plupart des renforçateurs présentent l'inconvénient, très grave et presque prohibitif en industrie, de mal se conserver en solution aqueuse. Le meilleur procédé à employer en pareil cas, malgré son apparente complication, semble être le renforcement par chloruration, qui consiste à transformer l'argent dont est formée l'image en chlorure d'argent que l'on réduit ensuite dans un second développement. La couleur grisâtre du négatif primitif se trouve alors changée en une couleur brune, très inactinique, qui fournit au tirage des positifs très intenses.

Le film est d'abord chloruré dans :

Eau	30 cm³
Bichromate de potasse	0 gr. 35
Chlorure de potassium	0 — 60
Acide chlorhydrique	4 gouttes

Quand les images ont entièrement blanchi, on lave pendant trente minutes environ, et on développe dans un révélateur à l'hydroquinone-métol. On peut même utiliser dans ce but un bain déjà épuisé par le développement de plusieurs films.

Si l'on procède au renforcement avant le séchage, on peut laisser la pellicule sur son cadre et la plonger en cuve verticale. Mais, si l'on veut renforcer un film déjà séché, il vaut mieux le monter sur un tambour tournant, car l'agitation est nécessaire pour chasser les bulles d'air. Cette disposition a d'ailleurs l'avantage de n'exiger qu'une faible quantité de bain : le tambour est placé sur une cuve à fond courbe, dans laquelle il suffit de verser une vingtaine de litres, qui y forment une couche de 10 centimètres.

Affaiblissement. — Les négatifs trop opaques seront affaiblis dans le réducteur de Farmer :

                Eau... 1.000 cm³
                Ferricyanure de potassium .... 5 gr.
                Hyposulfite de soude..................... 50 —

Il faut surveiller attentivement l'action de l'affaiblisseur, et l'arrêter par d'abondants lavages, aussitôt que le résultat voulu se trouve atteint.

Cet affaiblisseur a l'inconvénient d'augmenter les contrastes, en attaquant fortement les demi-teintes, qui peuvent être rongées. Les négatifs à la fois trop opaques et trop durs seront affaiblis au persulfate :

                Eau... 1.000 cm³
                Persulfate d'ammoniaque .... 30 gr.

L'affaiblissement ne commence pas immédiatement après l'immersion et continue encore après le passage du film dans l'eau de lavage. Il faudra donc retirer la pellicule du bain un peu avant qu'elle ait été ramenée à l'intensité voulue.

Les deux affaiblisseurs précédents ont le grave défaut de s'altérer rapidement en solution. A ce point de vue, il est préférable d'avoir recours à l'acide chromique, qui fournit un bain d'affaiblissement très stable. On le prépare d'ordinaire en mélangeant :

                Eau... 1.000 cm³
                Bichromate de potasse .... 1 gr.
                Acide sulfurique......................... 1 cm³

De même que le renforcement, l'affaiblissement sera effectué sur cadre en cuve verticale ou sur tambour en cuve à fond cylindrique, suivant qu'il s'agira d'un film mouillé ou d'un film sec.

Dans tous les cas, le film renforcé ou affaibli ne sera pas abandonné à la dessiccation immédiatement après le lavage : il faudra, au préalable, le passer au bain de glycérine dont la formule a été indiquée.

Voile dichroïque. — Il arrive parfois que le film paraît jaune, lorsqu'on le regarde par lumière réfléchie du côté du celluloïd, et rose ou violacé lorsqu'on l'examine par transparence. Ce double aspect, désigné sous le nom de voile dichroïque, a moins d'inconvénient sur les négatifs que sur les positifs. Néanmoins, comme il prolonge le tirage, il est avantageux de le faire disparaître. Il suffit pour cela de passer la pellicule dans une solution de permanganate de potasse à 1 pour 1.000. Dès que la coloration jaune a disparu, on lave abondamment. Si l'on prolongeait davantage l'action de ce bain, les images risqueraient d'être affaiblies. On complète quelquefois la décoloration à l'aide d'un bain de bisulfite de soude liquide étendu de son volume d'eau. Le film y est laissé cinq minutes et lavé une dernière fois.

CHAPITRE VIII

TIRAGE DES POSITIFS

Bandes positives. — Les films positifs sont généralement exécutés sur des émulsions moins sensibles que celles qui sont destinées aux négatifs : ces émulsions relativement lentes se conservent plus longtemps, exigent moins de précautions contre l'accès de la lumière et fournissent des images plus fines et plus brillantes.

Ces bandes sont perforées à un pas légèrement plus court que les films négatifs. En effet, il est nécessaire que la perforation du positif concorde rigoureusement, pendant le tirage, avec la perforation du négatif, les deux pellicules étant mises en contact et entraînées simultanément par des rouleaux dentés. Or, le film négatif a subi, pendant la dessiccation qui a suivi le lavage, un retrait qui a diminué sa longueur, de telle sorte que sa perforation n'est plus exactement ce qu'elle était au moment de la fabrication. Il est donc nécessaire de tenir compte de ce raccourcissement, dans la perforation des bandes positives.

Appareils de tirage. — Le cinématographe Lumière se transforme à volonté en appareil de tirage des positifs. A cet effet, on remplace le châssis débiteur ordinaire par une boîte PP' (*fig.* 49) à l'intérieur de laquelle deux axes horizontaux reçoivent le film négatif et la pellicule sensible destinée à l'impression du positif. Autour de l'axe inférieur, on place le négatif N enroulé, la couche de gélatine en dehors, et, autour de l'axe supérieur, la pellicule sensible P, gélatine en dedans. Les deux bouts libres sont introduits dans la fente inférieure de la boîte. L'extrémité de la bande positive est attachée à l'axe du magasin récepteur, tandis que celle de la bande négative se déroule extérieurement, au-dessous de la chambre noire. On dévisse l'objectif et on place devant l'ouverture, à distance convenable, une source lumineuse, telle que bec de gaz, lampe à pétrole ou à incandescence.

On tourne alors la manivelle, comme on le fait pour obtenir

FIG. 49 — Appareil-type Lumière, disposé pour le tirage des positifs.

les négatifs : le mécanisme entraîne par saccades les deux bandes superposées et, à chaque arrêt, l'évidement du disque obturateur laisse passer la lumière, qui vient impressionner l'émulsion positive après avoir traversé les parties transparentes du film négatif.

FIG. 50. — Appareil Pathé à tirer les positifs.

Le négatif est recueilli dans une corbeille placée en avant du pied de l'appareil, tandis que le positif s'emmagasine dans la boîte réceptrice.

La distance à laquelle doit être installée la source de lumière dépend de sa nature, de son intensité, de la vigueur et de la transparence du négatif. On ne peut donner à ce sujet aucune règle précise : des essais préalables et méthodiques sont indispensables.

Dans la plupart des laboratoires cinématographiques, le tirage est exécuté à l'aide d'appareils distincts et spécialement construits dans ce but. La figure 50 représente l'appareil à tirer les positifs de la maison Pathé. Il se compose : 1° d'une boîte-magasin oblongue à deux axes supportant le film négatif et la pellicule sensible ; 2° de l'appareil de tirage proprement dit, dont le mécanisme d'entraînement est analogue à celui des appareils de prise de vues.

Après avoir fixé la boîte-magasin sur l'appareil, on passe les deux bandes, gélatine contre gélatine, à travers la fente supérieure, en ayant soin de faire coïncider les perforations, on les introduit dans le couloir et on les fait sortir par la fente inférieure.

L'appareil est ordinairement posé sur une armoire dans laquelle la pellicule sensible est recueillie, ce qui permet de laisser fonctionner l'appareil en pleine lumière, excepté au moment où l'on retire le film impressionné pour procéder au développement.

Sources de lumière. — En principe, il est parfaitement possible d'utiliser une source de lumière quelconque et de procéder comme on le fait pour le tirage d'un positif ordinaire au gélatino-bromure. On peut donc utiliser, comme nous l'avons dit et comme on le faisait au début de la cinématographie, une lampe à pétrole ou un bec de gaz. Néanmoins, en pratique, on a renoncé aux sources de lumière à combustion, et l'on s'en tient presque toujours aux lampes électriques qui dégagent peu de chaleur et peuvent être enfermées dans une enceinte complètement close.

On emploie tantôt la lampe à incandescence ordinaire, c'est-à-dire à filament de charbon, tantôt la lampe à filament métallique (*fig.* 51), au tantale ou à l'osmium, tantôt la lampe Nernst sans globe.

Le temps de pose nécessaire à l'impression des positifs est ordinairement plus long que celui qu'il faut appliquer à la prise des vues. Il est, en moyenne, de 1/2 à 1/4 de seconde pour chaque

image. Au lieu de faire varier la vitesse du mécanisme suivant
l'opacité des négatifs, il est préférable de modifier l'intensité de la
source lumineuse, soit en réglant le débit d'électricité à l'aide d'un

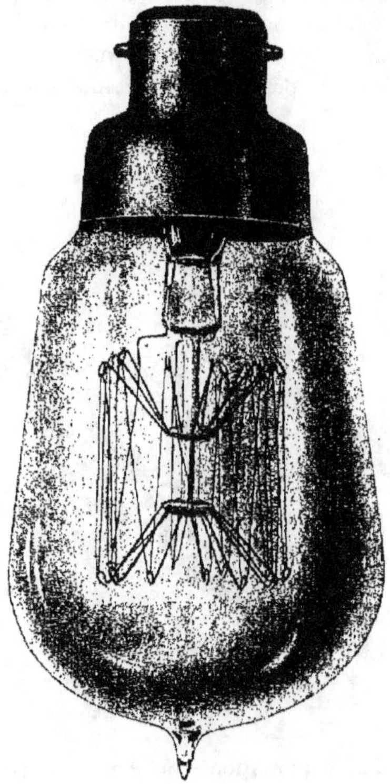

Fig. 51. — Lampe tantale (Paz et Silva).

rhéostat intercalé dans le circuit, soit en faisant varier la distance
de la lampe au film.

Cette dernière combinaison est presque toujours adoptée, car
elle se prête à un réglage plus exact et plus rapide. C'est pourquoi
la lampe est enfermée dans une lanterne assez longue, à l'intérieur
de laquelle on peut la déplacer à l'aide d'une manivelle, sa position
exacte étant indiquée par un cadran.

Mesurage. — Les pellicules positives sont fournies en longues bandes, de la même manière que celles qui sont destinées aux films négatifs. Pour chaque tirage, il faut évidemment une bande sensible de même longueur que le film négatif. Il s'agit donc de prélever exactement la quantité nécessaire au tirage, sans risquer de couper la bande trop courte, ni de s'exposer à avoir des déchets, qui constitueraient une perte très importante, s'ils se multipliaient

Fig. 52. — Métreuse Pathé.

dans les grandes exploitations, où l'on impressionne plus de 10.000 mètres de film par jour.

Les machines à mesurer permettent de n'employer que juste la longueur nécessaire ; elles servent aussi de moyen de contrôle aux fabricants et aux loueurs de films. Il en existe de nombreux modèles, mais le principe en est toujours le même, et un coup d'œil jeté sur la figure 52 suffira pour le comprendre.

La bande à mesurer est enroulée sur une bobine dont l'axe est adapté à l'arbre de gauche. Son extrémité extérieure est engagée sous un cylindre d'entraînement, dont les dents pénètrent dans les

perforations; on la fixe ensuite à l'axe d'une seconde bobine, placée à droite, dont l'axe peut recevoir un mouvement rapide d'un
engrenage commandé par une manivelle. Le cylindre d'entraînement est lié par un train d'engrenages à une aiguille qui indique le
métrage sur un cadran divisé, à mesure que la pellicule défile.

Développement. — Le développement des positifs se pratique
à peu près de la même manière que celui des négatifs; mais il
nécessite un plus grand nombre de châssis et de cuves, car chaque
film négatif sert à exécuter plusieurs films positifs.

Le révélateur est le même, lorsqu'il s'agit d'obtenir un positif
normal d'un négatif doux. Dans les autres cas, il convient de modifier la formule indiquée au chapitre VI. Ainsi, pour avoir plus de
contrastes, on emploiera un bain plus concentré :

Eau....................................	2 litres
Métol..................................	5 gr.
Hydroquinone...........................	10 —
Sulfite de soude anhydre...............	65 —
Carbonate de soude.....................	50 —
Bromure de potassium..................	2 —

Le maximum d'opposition, nécessaire pour l'impression des
titres en noir et blanc, sans demi-teintes, sera donné par :

Eau....................................	2 litres
Hydroquinone...........................	15 gr.
Sulfite de soude anhydre...............	70 —
Carbonate de potasse...................	50 —
Bromure de potassium..................	5 —

La durée du développement dépend du négatif : s'il est dur, il
faut poser longuement ou en lumière plus intense, et abréger le
développement; tandis que, s'il est gris, il faut abréger la pose ou
diminuer l'intensité de la source lumineuse, et prolonger le développement.

On peut employer des cuves à deux compartiments et surveiller
à la fois le développement de deux châssis. Le contrôle est généralement effectué par lumière réfléchie, en approchant du film
une lampe électrique à manchon de verre rouge. On peut aussi examiner les positifs par transparence, mais, dans l'un et l'autre cas,

cette surveillance est délicate, à cause de l'exiguïté des images. Aussi préfère-t-on souvent le développement chronométré, après un essai pratiqué sur un petit échantillon, coupé à l'extrémité de la pellicule. C'est surtout lorsqu'on a à tirer d'un même négatif un grand nombre de positifs que cette méthode est plus expéditive et donne des résultats plus réguliers, des séries plus uniformes, à condition de prendre, au tirage, les précautions voulues pour que les durées d'exposition restent parfaitement constantes. On n'a plus alors qu'à compter le temps du développement pour savoir l'instant précis où les images seront à point. A cet effet on se sert, non pas d'une montre qui serait rapidement abîmée si on la touchait fréquemment avec les mains mouillées, mais d'un compteur de minutes tel que ceux qu'on emploie en téléphonie.

Les cadres sortis des cuves à développement sont passés dans les cuves de lavage, d'où un aide les porte dans les cuves de fixage : il ne faut pas que le développeur ait les mains imprégnées d'hyposulfite.

Les cuves de fixage sont d'ordinaire à quatre compartiments, le film séjournant dans l'hyposulfite environ deux fois plus longtemps que dans le révélateur. La formule de préparation du bain est la même que celle qui a été indiquée pour le fixage des négatifs.

Dans une cuve où l'on traite environ 3.000 mètres de film par jour, un bain de fixage acidifié de 500 litres peut servir pendant deux semaines, après quoi il vaut mieux le renouveler, mais non le jeter, car il contient environ 5 grammes d'argent par litre, soit en tout 2 kilogrammes et demi qu'il est facile d'extraire par la méthode ci-après.

Récupération de l'argent. — Le bain d'hyposulfite épuisé est additionné de sulfure de sodium (10 kilogrammes dissous dans 20 litres d'eau, pour 500 litres de vieux bain de fixage). Il se produit aussitôt un précipité noir de sulfure d'argent. On laisse reposer, et l'on ajoute encore une petite quantité de sulfure de sodium : si le liquide ne se trouble pas, c'est que tout l'argent a été précipité. On décante et on filtre, de manière à recueillir tout le dépôt, constitué par du sulfure d'argent dont chaque kilogramme contient près de 800 grammes d'argent pur.

On peut vendre ce résidu à un fondeur ou en recueillir l'argent, en chauffant dans un creuset au rouge blanc :

Sulfure d'argent......................	100 parties
Carbonate de potasse..................	75 —
Carbonate de soude....................	45 —

On casse ensuite le creuset, d'où l'on retire le culot d'argent.

CHAPITRE IX

MONTAGE

Assemblage. — Pour éviter toute interruption pendant la projection d'un *numéro* du spectacle cinématographique, il est nécessaire de réunir bout à bout diverses scènes prises souvent dans des
circonstances tout à fait différentes. Nous avons vu d'ailleurs que
les cadres à développer reçoivent d'ordinaire 25 mètres de film seulement : or, certaines pièces sont constituées par une bande
longue de 700 mètres et plus, qu'il faut forcément tirer et développer en plusieurs fragments que l'on assemble ensuite.

L'adhérence est produite à l'aide d'un mélange d'acétone et d'acé-
tate d'amyle, qui sont des
dissolvants du celluloïd.
Pour coller deux bandes,
on les coupe transversale-
ment avec des ciseaux, l'une
un peu au-dessus d'une
image et l'autre à la sépa-
ration de deux images ; on
enlève au grattoir la géla-

FIG. 53. — Presse pour l'assemblage des films.

tine sur la partie qui déborde l'image, et on enduit le celluloïd
ainsi mis à nu d'une très petite quantité du mélange dissolvant.
On y applique immédiatement le côté en celluloïd de l'autre bande,
en ayant soin de faire coïncider les perforations, et on laisse le tout
sous faible pression pendant quelques instants.

Cet assemblage doit être effectué avec beaucoup de soin, car tout
collage défectueux se traduit, à la projection, par un déplacement
de l'image et un saut très désagréable. C'est pour éviter ce défaut
que l'on a construit des presses spéciales pour l'assemblage des
films. La figure 53 représente le modèle construit par M. Gau-

mont. Les films à assembler sont serrés entre une planchette et trois volets se fermant à l'aide de crochets. Sous le volet central, des dents qui pénètrent dans les perforations des deux bouts à réunir assurent un repérage immédiat et très précis des images. L'assemblage s'effectue ainsi sans tâtonnement.

On assemble ainsi, non seulement les positifs imprimés d'après les films négatifs, mais aussi les titres et sous-titres qu'il est d'usage d'intercaler entre les diverses scènes, ainsi que certains commentaires explicatifs.

Titres. — Autrefois, les titres et commentaires étaient simple-

Fig. 54. — Poste de projection double.

ment reproduits sur une plaque de verre dont l'image était amplifiée et projetée sur l'écran par un objectif indépendant de l'appareil cinématographique (*fig.* 54). Cette combinaison, qui exigeait un poste de projection double, est actuellement abandonnée presque partout, parce qu'elle nécessitait le déplacement de la lanterne.

On a jugé plus pratique de tout imprimer sur la même bande et d'y reproduire les titres et sous-titres un certain nombre de fois, afin que le spectateur ait tout le temps de les lire, sans qu'il soit nécessaire d'arrêter le mécanisme d'entraînement. Le nombre des images doit être proportionné à la longueur du texte : il est évident qu'un titre très bref est lu beaucoup plus vite qu'un billet de quelques lignes.

Toutefois, il est inutile d'exécuter d'abord un long film négatif : on exécute un phototype sur plaque, et ce cliché est placé entre une source de lumière et un objectif qui en projette l'image, à la grandeur voulue, sur le film positif, qui en enregistre un nombre d'images proportionné à la durée de projection que l'on veut avoir.

Pour exécuter le négatif, on compose le texte sur une table horizontale ou légèrement inclinée, enduite de peinture noire mate ou recouverte de velours noir. Il suffit alors de poser sur ce fond des caractères en métal peint en blanc, qui restent dans la position qu'on leur donne sans qu'il soit nécessaire de les assujettir à l'aide de crochets ni de clous. On peut aussi imprimer ou écrire le texte en noir sur papier blanc, et cette disposition est généralement employée pour projeter un billet, une lettre, un télégramme, une affiche, etc. On éclaire cette composition à l'aide d'une lampe à arc, et l'on effectue la reproduction au moyen d'une chambre noire adaptée à un support spécial, de façon que l'axe optique principal soit exactement perpendiculaire au plan du modèle. On se sert d'ordinaire de plaques lentes, afin d'obtenir un cliché à contrastes très vigoureux.

Ce cliché, développé, fixé et séché, est placé devant un appareil de tirage, dans une lanterne contenant une lampe Nernst, un condensateur et un porte-plaque à ressort. L'appareil de tirage est muni d'un cône terminé par un objectif à grande ouverture, de 75 millimètres de foyer environ, à monture hélicoïdale ou à crémaillère de mise au point.

Contrôle. — La vérification des positifs, avant leur emballage, est effectuée, comme celle des négatifs, par la projection qui en facilite l'examen et en révèle les moindres tares. Cependant, une amplification modérée est suffisante, et, en pratique, on se contente d'un petit écran d'environ 1 mètre de côté. En outre, les films sont

projetés au contrôle plus rapidement qu'en représentation, de telle
sorte qu'un seul appareil de projection permet de vérifier plus de
4.000 mètres de films par jour.

Dès qu'on aperçoit un défaut, on arrête, et, s'il n'occupe qu'un
petit nombre d'images, on les fait remplacer.

Lorsqu'il faut tirer du même sujet un grand nombre d'exem-

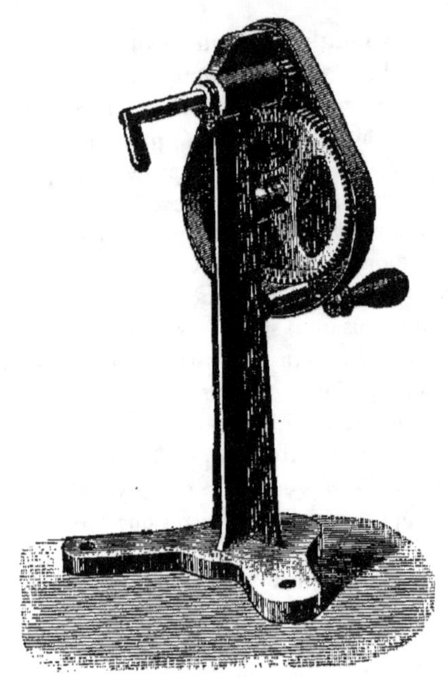

Fig. 55. — Enrouleuse pour bobine de 600 mètres.

plaires, on commence par exécuter un positif d'essai, une bande
d'épreuve formée de la réunion de toutes les scènes composant ce
numéro. Si cette épreuve est satisfaisante, on continue le tirage, le
développement, etc., dans les mêmes conditions. Dans le cas contraire, on fait de nouveaux essais, jusqu'à ce qu'on obtienne un film
parfait, avant de procéder au tirage définitif de toute la série.

Bobinage. — Les films sont livrés sous forme de bobines larges et plates dont le centre évidé s'adapte à l'axe d'un rouet placé sur l'appareil de projection. Au cours des diverses opérations que nous venons de décrire, les films sont à plusieurs reprises déroulés et bobinés de nouveau. Pour effectuer le bobinage avec la régularité et la rapidité nécessaires, on se sert d'enrouleuses (*fig.* 55). L'une des extrémités du film est attachée par un ressort à un axe que l'on peut faire tourner rapidement en tournant une manivelle qui commande un engrenage multipliant la vitesse. Le ressort destiné à retenir le commencement de la bande est parfois remplacé par un axe fendu dans lequel on engage le film. Un disque ou *joue* s'adapte au même axe et sert à guider l'enroulement, de telle sorte que les spires successives se superposent régulièrement.

Les gros rouleaux, qui contiennent plusieurs centaines de mètres de bandes pelliculaires, sont désignés sous le nom de *tourteaux*.

CHAPITRE X

LES COULEURS

Importance du coloris. — L'attrait de la couleur, la supériorité manifeste des vues peintes sur les vues monochromes expliquent l'importance des recherches qui se sont multipliées au cours des dernières années pour donner au cinématographe un nouvel élément d'intérêt.

Même à défaut du coloris réel, une tonalité de temps en temps variée, une dominante appropriée à la nature du sujet valent mieux qu'une grisaille uniforme, dont la vue prolongée serait trop monotone : de là l'utilité des virages et des teintures. Mais là ne doit pas se limiter l'objet d'un spectacle qui doit surtout donner l'illusion de la réalité vivante et n'a pas les mêmes raisons que le dessin ou la sculpture pour faire abstraction du coloris. Aussi, à défaut d'un moyen facile et sûr de chromophotographie animée, les éditeurs de films se sont provisoirement résignés à faire colorier leurs bandes positives à la main ou au patron. On obtient ainsi, faute de mieux, au prix d'un travail long, délicat et coûteux, des résultats sans doute intéressants, mais qui ne font pas perdre de vue le but à atteindre, c'est-à-dire les couleurs automatiquement reproduites à l'aide d'opérations purement photographiques.

L'application au cinématographe de la trichromie et de l'autochromie présente, en pratique, de grandes difficultés, qui ne semblent cependant pas insurmontables. En attendant, une solution encore incomplète est actuellement fournie par la bichromie.

Virages. — Virer une image photographique, c'est remplacer l'argent très divisé, de couleur noire ou grise, qui en constitue les ombres et les demi-teintes, par une autre substance, de teinte différente. Il existe de très nombreuses formules de virages : nous ne mentionnerons que les plus usitées.

Les virages s'effectuent généralement dans un atelier spécial, vaste, bien aéré, avec de l'eau en abondance et de nombreuses cuves.

On se sert soit de cuves à fond cylindrique, dans lesquelles baignent les films montés sur des tambours à axe tournant, soit de cuves verticales, disposées comme celles du développement. Ces cuves sont, de préférence, en ardoise, avec des robinets en métal blanc. Il faut éviter ici l'emploi de cuves en bois doublé de plomb qui serait rapidement attaqué par les bains de virage.

Des tons très variés peuvent être obtenus par la combinaison, en proportions variées, des solutions suivantes :

A. Eau	100 cm³
Ferricyanure de potassium	1 gr.
B. Eau	100 cm³
Acide azotique	0 gr. 5
Azotate d'urane	1 gr.
C. Eau	100 cm³
Citrate de fer ammoniacal	1 gr.
D. Eau	100 cm³
Molybdate d'ammonium	1 gr.
Acide azotique	1 goutte

Le tableau suivant fait connaître les proportions nécessaires pour chaque teinte :

TEINTE	A	B	C	D
Sépia	50 cm³	100 cm³		
Brun rouge	50 —	70 —		
Rouge vif	50 —	50 —		
Vermillon	50 —	40 —		
Bleu	50 —		75 cm³	
Vert bleu	50 —	15 —	75 —	
Vert olive	50 —	30 —	50 —	
Vert pur	50 —	50 —	50 —	
Brun rouge	50 —			50 cm³
Brun sépia	40 —			50 —

Pour obtenir des tons rouge pourpre très solides, on prépare :

    A. Eau .... 100 cm³
       Ferricyanure de potassium.................. 10 gr.
    B. Eau.. 100 cm³
       Sulfate de cuivre........................... 10 gr.
    C. Eau.. 100 cm³
       Citrate neutre de potassium................. 10 gr.

Au moment de l'emploi, on ajoute à la solution A d'abord 7 centimètres cubes de la solution B, puis 6 centimètres cubes de la solution C. Les images passent du noir au brun et au rouge.

La plupart des mélanges qui viennent d'être indiqués sont sensibles à la lumière ; aussi ne faut-il procéder au virage qu'à un jour faible. Les bandes virées sont lavées dans de l'eau très légèrement acidulée par un peu de vinaigre, puis dans l'eau ordinaire, pendant un quart d'heure environ. Si les blancs des images sont teintés, on les éclaircira en passant le film d'abord dans de l'eau faiblement additionnée de carbonate de soude, puis dans un bain d'hyposulfite à 10 0/0. On lavera de nouveau, pendant vingt minutes.

Teinture. — Si l'on plonge un film dans la solution aqueuse d'une matière colorante, comme la fuchsine, par exemple, la gélatine qui recouvre une des faces du celluloïd s'imprègne de liquide. La couleur s'étend, dans ce cas, uniformément sur toute la surface des images, à la différence du virage qui n'en modifie que les ombres et les demi-teintes. Il s'ensuit que la teinture est surtout apparente dans les grandes lumières et dans les tons clairs, tandis que, dans les grandes ombres, elle est plus ou moins masquée par les opacités de l'image. On réalise ainsi des effets très brillants de couchers de soleil, en tons rouge ou orangé, et des effets de lune en ton bleu.

Les titres sont presque toujours teintés, la couleur donnant à la projection plus de variété et plus d'éclat.

Enfin, on combine souvent un effet de teinture avec un effet de virage, en choisissant des tons qui s'harmonisent.

Les matières colorantes susceptibles d'être employées sont extrêmement nombreuses. Celles dont on se sert le plus fréquemment dans cette application sont : le bleu méthylène, le violet de méthyle, le vert brillant, l'auramine, le jaune méthylène, l'orangé soluble et le ponceau. En les mélangeant diversement, on peut obtenir toutes les nuances voulues.

Si l'on emploie d'autres substances, il faudra éviter de mêler des colorants acides avec des colorants basiques, dont la combinaison se traduirait par des précipités insolubles.

Il est bon d'ajouter aux bains de teinture une petite quantité de glycérine, afin de faciliter la *morsure* de la couleur, c'est-à-dire sa fixation sur la gélatine. Pour 60 litres de bain, il faudra environ 100 grammes de glycérine préalablement diluée dans 250 grammes d'alcool

Coloriage. — Le grand nombre d'images dont se compose un film et leur exiguïté font du coloriage à la main une opération minutieuse, fatigante et onéreuse. Ce travail, généralement confié à des femmes, exige beaucoup d'attention, de la patience et une vue exercée.

Il faut, naturellement, colorier une à une toutes ces petites images, et donner la même nuance aux mêmes objets reproduits successivement un grand nombre de fois. La division du travail l'a rendu plus facile, plus rapide et plus régulier. Chaque ouvrière est chargée de l'application d'une seule couleur, dont la nuance et le placement sont déterminés par le chef coloriste. Le film passe donc tour à tour sur plusieurs pupitres à verre dépoli éclairés par-dessous, comme ceux dont on se sert pour la retouche des clichés.

La couleur, en solution aqueuse, est appliquée en teintes plates, au moyen de pinceaux fins, et, comme la faible quantité qu'on y met est absorbée dans la gélatine, la dessiccation s'opère très rapidement. Quels que soient les soins qu'on y apporte et l'habileté de la main qui tient le pinceau, la couleur déborde souvent des limites qui lui sont assignées. Si peu qu'elle dépasse les contours, l'irrégularité amplifiée à la projection serait apparente sur l'écran, si elle se répétait, toujours au même point, sur les images successives ; mais, comme il n'en est jamais ainsi, les irrégularités se compensent, en quelque sorte, se neutralisent mutuellement, et l'ensemble n'en est généralement pas défectueux.

Lorsqu'on n'a à tirer d'un négatif qu'un nombre très restreint de positifs, le coloriage à la main est le seul pratiqué. Mais, le plus souvent, les éditeurs de films tirent de chaque phototype un grand nombre de bandes positives, et il ne serait pas pratique de recommencer le même travail pour chaque exemplaire. On économise la main-d'œuvre et l'on gagne du temps, en effectuant le coloriage au *patron* (on dit aussi : au *pochoir*).

On désigne, en impression, sous le nom de patron, une feuille de tôle mince, de carton ou de toute autre matière, dans laquelle est découpée la forme de la surface qu'il s'agit de recouvrir de couleur. Tout le monde a vu les emballeurs marquer des caisses en y appliquant une plaque ajourée sur laquelle ils frottent rapidement une brosse garnie d'encre. Pour colorier un film au patron, on commence par en tirer quelques positifs, autant qu'il y a de teintes à employer. Supposons, pour simplifier, que les couleurs soient réduites à trois : le bleu, le jaune et le rouge. La bande qui doit servir de patron pour le bleu sera découpée à l'aide d'un instrument tranchant, de manière à en enlever toutes les parties qui doivent recevoir la couleur bleue : ainsi, dans un paysage pris par un temps serein, l'emporte-pièce découpera tout le ciel. On enlève de même, sur le second film, les parties correspondant au jaune, et, sur le troisième, celles qui sont réservées au rouge. On plonge les trois bandes ainsi découpées dans l'eau chaude, afin d'en enlever la gélatine, et elles sont prêtes pour la distribution des couleurs.

Le premier film à colorier est mis en contact, du côté gélatine, avec le patron du bleu, de façon que leurs perforations coïncident, et les deux bandes ainsi accolées sont placées sur la machine à colorier : des rouleaux d'entraînement, dont les dents pénètrent dans les perforations, les amènent sous un rouleau souple imprégné de couleur bleue, ou sous une sorte de vaporisateur, analogue au pinceau à air, qui projette la couleur en minuscules gouttelettes. Dans un cas comme dans l'autre, la couleur ne peut atteindre l'image que sous les parties ajourées du patron, et le coloriage des images successives s'accomplit à la fois très vite et très régulièrement.

Quand le film tout entier a défilé dans la machine à colorier en bleu, on le sépare du premier patron, on l'applique contre le second patron et l'on fait passer les deux bandes dans la machine à colorier en jaune. On procède de même, pour l'impression du rouge.

On pourrait supposer qu'il est très difficile de découper les patrons avec toute la précision voulue, malgré l'exiguïté des images. Il y avait là, en effet, une réelle difficulté, que l'on est cependant parvenu à surmonter d'une façon extrêmement ingénieuse. Un film provenant du même négatif que celui qu'il s'agit de découper est placé dans une lanterne de projection dont l'écran est contigu au petit cadre sur lequel se déroule la bande à découper. L'ouvrier découpeur n'a qu'à diriger les mouvements d'un pantographe, dont la grande branche se termine par une pointe qui peut être amenée sur n'importe quel point de l'écran, tandis que la petite branche porte un outil tranchant, mû mécaniquement, au-dessus du film à découper. Les deux branches sont réglées de telle sorte que l'amplitude de leurs mouvements ait le même rapport que celui de l'amplification réalisée par la projection. L'image projetée sur l'écran étant convenablement repérée avec l'image à découper, l'ouvrier n'a qu'à passer sur la première le traceur du pantographe et à suivre tous les contours qui doivent limiter la découpure : tous les mouvements que la pointe du traceur exécute sur la grande image sont reproduits par l'outil tranchant sur la petite image, avec une précision qu'il serait impossible d'atteindre par le découpage direct.

Trichromie. — Quoique les couleurs soient en nombre illimité, elles peuvent toutes se ramener, au point de vue de l'impression qu'elles exercent sur notre rétine, à trois couleurs fondamentales, le violet, le vert et le rouge orangé, dont les combinaisons infiniment variées sont susceptibles de produire toutes les nuances possibles.

Supposons trois lanternes magiques munies l'une d'un verre violet, la seconde d'un verre vert, la troisième d'un verre rouge orangé. Dirigeons sur un écran blanc les trois projections colorées, de façon qu'elles empiètent partiellement les unes sur les autres (*fig*. 56). Le centre, où convergent les trois faisceaux lumineux, paraît blanc. La région où le rouge orangé empiète sur le vert paraît jaune ; celle où le violet s'ajoute au vert est bleue, et celle où il s'ajoute au rouge orangé est rose. En modifiant l'éclat d'un ou de deux foyers lumineux, nous obtiendrions d'autres nuances.

La persistance des impressions rétiniennes permet d'ailleurs d'assimiler la succession rapide des couleurs fondamentales à leur vision simultanée. Nous pourrons donc réaliser des projections cinématographiques en couleurs, soit en projetant simultanément trois images exactement repérées sur l'écran, une image violette, une image verte et une image rouge, soit en faisant défiler très rapidement des images alternativement violettes, vertes et rouges.

Dans un cas comme dans l'autre, la synthèse de la couleur ne pourra être exactement réalisée qu'à la condition d'avoir au préalable décomposé le coloris du sujet, de façon que chaque négatif ne soit impressionné que par la couleur fondamentale qu'il doit servir à reproduire ; il faut, en un mot, commencer par *l'analyse* du coloris.

Cette analyse est réalisée par l'interposition, au moment de la prise des vues, de trois écrans ou filtres sélecteurs teintés respectivement en violet, en vert et en rouge orangé.

La surface sensible exposée derrière l'écran violet sera impressionnée par les parties du sujet qui contiennent du violet, du bleu ou du rouge pourpre ; le jaune, au contraire, arrêté par le filtre sélecteur, n'y déterminera aucune réduction du bromure d'argent. Le cliché négatif sera donc rendu opaque, au développement, sur les

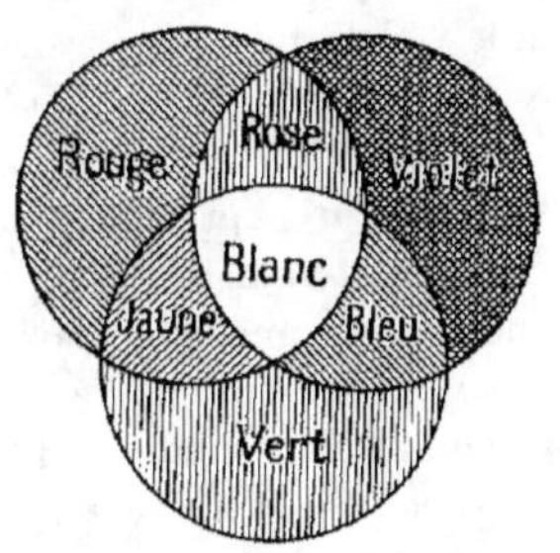

Fig. 56. — Couleurs fondamentales.

points correspondant au violet, au bleu, au pourpre, tandis qu'il restera transparent sur les autres points. Le positif offrira l'aspect inverse : il sera opaque sur les points correspondant au jaune, et transparent sur les autres points. Si nous projetons cette image, en interposant un verre violet, nous ne verrons sur l'écran que les parties du sujet qui contenaient du violet, du bleu ou du pourpre.

Un raisonnement analogue nous montrerait que le vert et le rouge orangé sont reproduits de même, par l'interposition des écrans sélecteurs correspondants. Quant aux autres couleurs, elles déterminent des absorptions partielles et inégales entre les divers écrans et sont également reconstituées, à la projection, par les opacités différentes des diapositifs.

Les parties blanches du modèle sont impressionnées à travers les trois filtres analyseurs: donc, les trois positifs laisseront passer a lumière, à travers ces régions de l'image, et la réunion des trois lumières colorées reconstituera le blanc, sur l'écran de projection. Inversement, le noir n'agira sur aucun des négatifs, qui tous les trois resteront transparents sur ces points, ce qui donnera des opacités sur les trois positifs, donc une résultante noire à la projection.

Le principe de la trichromie est, on le voit, bien simple. En pratique, cependant, son application au cinématographe est arrêtée par des difficultés qui n'ont pas encore été complètement résolues. La plus grave provient de la différence qui existe entre la sensibilité du bromure d'argent et celle de notre œil. Les émulsions photographiques sont très rapidement impressionnées par le bleu et le violet, qui nous paraissent sombres, et même par l'ultra-violet que nous ne voyons pas du tout.

Au contraire, le rouge, l'orangé et même le jaune le plus éclatant demeurent presque sans action sur le film cinématographique. On connaît, il est vrai, le moyen d'atténuer ces différences dans une certaine mesure; mais les meilleures émulsions *orthochromatiques* conservent encore un excès de sensibilité pour le bleu, le violet et l'ultra-violet, et l'équilibre du coloris exige que l'on prolonge la pose, à travers les filtres vert et rouge orangé, dans des proportions telles que la photographie instantanée, et notamment la cinématographie, devient impraticable dans la plupart des cas.

D'ailleurs là n'est pas le seul obstacle, et aucune des solutions proposées jusqu'ici n'est exempte d'inconvénients. Ces solutions peuvent se ramener à deux modes d'analyse et de synthèse du coloris : les images successives et les images simultanées.

Dans le premier cas, les images sont prises derrière un écran tour à tour violet, vert et rouge orangé, constitué par trois secteurs colorés occupant chacun le tiers de la surface d'un disque qui tourne devant l'objectif. Ce disque est lié de telle sorte au mécanisme d'entraînement qu'il tourne d'un tiers de circonférence à chaque tour du disque obturateur. Ainsi, la première image ne reçoit que les radiations violettes, la seconde uniquement les radiations vertes, la troisième les radiations rouges, et ainsi de suite.

La même combinaison est appliquée à l'appareil de projection : la lumière blanche est interceptée par un disque à trois secteurs colorés tournant d'un tiers de tour à chaque changement d'image, de telle sorte que la première ne laisse passer que de la lumière violette, la seconde uniquement la lumière verte, la troisième la lumière rouge. La persistance des impressions rétiniennes fait confondre en une seule résultante ces trois perceptions successives, à la condition que les images se succèdent assez rapidement. Pour réaliser une fusion parfaite et pour éviter le scintillement, on admet généralement que la projection par couleurs successives doit se faire trois fois plus rapidement que la projection ordinaire. Il s'ensuit que la prise des vues devrait s'effectuer trois fois plus vite qu'en cinématographie monochrome.

Cette accélération du mouvement a deux inconvénients : d'abord, l'interposition des filtres vert et rouge exigerait le prolongement de la pose, comme on l'a vu plus haut, et comme dans le cas actuel il faut au contraire la raccourcir, le procédé reste limité aux sujets très éclairés pris à l'aide d'un objectif de très grande ouverture. En second lieu, si la vitesse d'entraînement est triplée, il faut employer un film trois fois plus long et par conséquent trois fois plus lourd et trois fois plus coûteux.

La seconde combinaison, par images simultanées, n'exige pas l'accélération de la vitesse d'entraînement : le film employé dans ce cas n'est pas plus long qu'un film ordinaire, mais il est trois fois plus large et par conséquent aussi lourd et aussi coûteux que dans le cas précédent. Mais la principale difficulté de la simultanéité des images, c'est leur repérage sur l'écran.

Si les trois séries de vues juxtaposées sont prises avec trois objectifs contigus, munis chacun d'un filtre sélecteur coloré, il faut projeter les bandes positives à l'aide de trois objectifs également munis d'écrans respectivement violet, vert et rouge orangé. Mais, comme la distance qui sépare l'écran de l'objectif de projection est variable, la mise au point des trois images se complique d'un effet de parallaxe : les trois images constituent trois éléments stéréoscopiques, insuperposables entre eux. Si le tableau ne contient que des objets éloignés, on arrive à repérer les trois images, en modifiant la distance qui sépare les trois objectifs de projection ; mais, s'il s'agit de sujets rapprochés, il est impossible de superposer parfaitement les trois images qui ne sont pas identiques sur les bords : même en repérant très exactement les trois centres, on aurait encore, sur les bords, des franges colorées résultant d'un défaut de coïncidence des contours.

On a cherché à éviter cet inconvénient en utilisant, soit pour la prise des vues, soit pour la projection, un objectif unique, derrière lequel le faisceau lumineux est divisé en trois, de manière à former trois images contiguës sur le film négatif, ou à projeter sur l'écran, parfaitement superposés, les trois positifs contigus. A cet effet, les rayons lumineux sont partiellement interceptés, entre l'objectif et les films, par deux jeux de prismes ou de miroirs qui les écartent de l'axe et les projettent sur les extrémités du film, à droite et à gauche. Entre les deux images ainsi formées se projette la troisième, provenant des rayons qui ont franchi l'espace laissé libre entre les deux jeux de prismes ou de miroirs. Des cloisons à parois noircies séparent d'ailleurs les trois compartiments dans lesquels passent les rayons destinés à chacune des images. Les filtres sélecteurs, violet, vert et rouge orangé, sont disposés chacun dans un des trois compartiments.

Il faut remarquer que les rayons déviés pour la formation des images latérales ont eu à parcourir un chemin plus long que les rayons directement projetés sur l'image centrale. Pour régler la mise au point, on est obligé de compenser cette différence de marche. L'interposition de lentilles ne réalise cette compensation qu'en modifiant la dimension des images, et il est préférable de produire l'élongation en interposant une épaisseur suffisante de verres à faces parallèles.

De toutes les combinaisons essayées jusqu'ici, la plus pratique est celle qu'a imaginée M. Gaumont. Il s'agit du *chronochrome*, qui fait d'ailleurs l'objet d'une exploitation industrielle. La prise des vues est effectuée sur une seule et même bande, au moyen de rois objectifs superposés et munis chacun d'un verre sélecteur coloré convenant à l'une des trois images dont la superposition sera réalisée, sur l'écran de projection, également au moyen de trois objectifs très exactement repérés. Il y a ainsi, à chaque phase de la prise des vues ou de la projection, trois clichés impressionnés ou trois épreuves projetées et confondues sur l'écran. Par suite, chaque entraînement du film exige le déroulement de trois images, au lieu d'une. Pour éviter de tripler la longueur du film, M. Gaumont a pris le parti de réduire d'environ un quart la hauteur des images, de telle sorte que, pour un même sujet, la bande n'a guère que deux fois et un quart la longueur des bandes ordinaires.

Autochromie. — Les trois images et les trois écrans sélecteurs utilisés dans les procédés précédents peuvent être remplacés par une image unique, divisée en compartiments étroits, en cellules microscopiques colorées les unes en violet, d'autres en vert, les autres en rouge orangé. Si les éléments colorés sont suffisamment fins et convenablement répartis, cette mosaïque paraîtra incolore, à l'œil nu ou même à une projection modérément amplifiée, et, si on la recouvre d'une émulsion au gélatino-bromure d'argent, on obtiendra une image en couleurs, ainsi qu'il est facile de s'en rendre compte.

Exposons la surface sensible derrière la mosaïque trichrome, afin que les rayons lumineux transmis par l'objectif traversent les éléments colorés avant de venir impressionner la couche de bromure d'argent et subissent ainsi, suivant leur propre couleur et suivant la couleur des éléments qu'ils rencontrent, une absorption variable. Il en résultera une sélection qui aura pour effet de rendre certains éléments invisibles et de ne plus laisser paraître que telle ou telle couleur.

Considérons, par exemple, une région de l'image colorée en rouge : les radiations rouges seront absorbées par les éléments verts, tandis que les éléments orangés et violets les laisseront passer. La couche sensible sera par conséquent impressionnée sous les éléments violets et sous les éléments orangés, tandis qu'elle restera inaltérée sous les éléments verts.

Au développement, le révélateur réduira le sel d'argent impressionné, en sorte que les éléments orangés et violets seront masqués par l'argent réduit opaque, tandis que les éléments verts resteront visibles. Le même raisonnement s'appliquerait à toutes les autres couleurs et montrerait que chaque teinte se trouverait représentée, sur le négatif, par sa complémentaire : le violet par du jaune, le vert par du rouge carmin, et réciproquement. Quant à la lumière blanche, elle impressionnera l'émulsion derrière tous les éléments, qui se trouveront ensuite tous masqués par l'argent opaque. Au contraire, un objet noir n'envoyant aucune radiation, tous les éléments resteront visibles à travers la gélatine, et la résultante des trois couleurs fondamentales vues simultanément sera blanche.

En photographiant ce négatif sur une émulsion pareillement exposée sous mosaïque trichrome, il est évident qu'on obtiendra un diapositif avec des couleurs complémentaires de celles du photolype, c'est-à-dire les couleurs mêmes de l'original. Mais on peut aussi, après développement de l'image négative, ne pas fixer dans l'hyposulfite, et inverser les transparences et les opacités par la méthode, bien connue de tous les photographes et qui, dans le cas présent, fournira le moyen de reproduire immédiatement le modèle avec ses couleurs réelles. Dans ce cas, le négatif, développé mais non fixé, est immergé dans un bain de bichromate acidé qui dissout l'argent réduit à l'état métallique, mais laisse inaltéré le bromure d'argent. Quand le négatif a ainsi disparu, on lave, en pleine lumière, et l'on procède à un second développement. Comme il ne reste du gélatino-bromure d'argent que sur les points de la couche restés inattaqués pendant le premier développement, la seconde image sera la contre-partie exacte de la première.

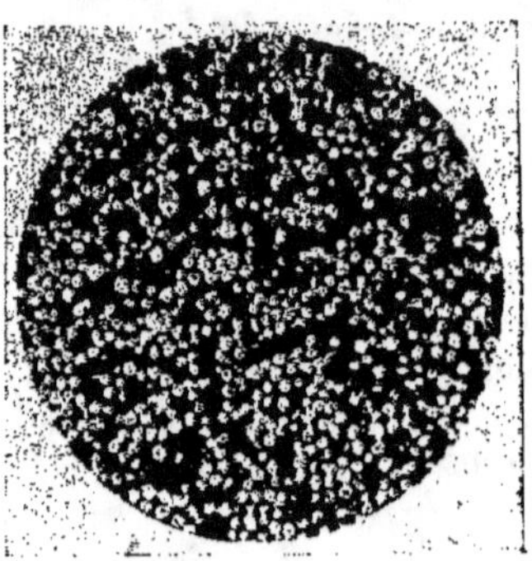

Fig. 57. — Réseau autochrome grossi 80 fois.

L'exécution de la microscopique mosaïque a donné lieu à de nombreuses recherches. Jusqu'à présent, la meilleure combinaison est celle qu'ont imaginée MM. A. et L. Lumière, pour la préparation de leur plaque autochrome, dont le réseau sélecteur est constitué par des grains de fécule colorés respectivement en violet, vert et orangé, soigneusement mélangés à sec et juxtaposés de manière à former une mince pellicule entre l'émulsion et son support.

Ce procédé fournit de très beaux diapositifs en couleurs pour la projection fixe : aussi a-t-on songé à l'appliquer également aux projections animées, mais de sérieuses difficultés s'y sont jusqu'à présent opposées. L'interposition du filtre trichrome et d'un verre jaune compensateur, nécessaire à l'équilibre du coloris, absorbe beaucoup de lumière, en sorte que, malgré l'extrême sensibilité de l'émulsion, le temps de pose est environ 50 fois plus long qu'en photographie monochrome, ce qui rend la cinématographie impossible dans la plupart des cas.

L'absorption de lumière par les éléments colorés est encore plus nuisible à la projection : nous n'avons plus ici, comme dans les procédés trichromes à images séparées, trois projections qui viennent s'ajouter sur le même écran ; nous n'avons plus qu'une seule image, divisée en petits compartiments qui ne laissent passer chacun qu'un tiers tout au plus des radiations dont se compose la lumière blanche. Il s'ensuit que pour avoir sur l'écran des images aussi brillantes qu'avec les films ordinaires, il faudrait accroître l'intensité du foyer lumineux si bien que le celluloïd s'enflammerait presque à coup sûr. Du reste, le réseau autochrome, tel qu'on le fabrique actuellement, ne résiste même pas à une exposition au soleil et se fendille trop facilement. Cependant, il semble assez facile d'y remédier, en fixant les grains de fécule sur le film au moyen d'un adhésif à base de celluloïd.

Enfin, le grain de fécule est invisible à l'œil nu, mais devient apparent à la projection. Toutefois, ce défaut serait très atténué par la distribution irrégulière des éléments colorés, leurs positions changeant d'une image à la suivante.

L'autochromie cinématographique n'est pas encore réalisée, mais rien ne prouve qu'il ne soit pas possible d'arriver à en faire un procédé pratique. Le film à mosaïque serait naturellement plus coûteux qu'un film ordinaire, mais plus léger, moins volumineux et peut-être moins cher que les films trois fois plus longs ou trois fois plus larges qu'exigent les procédés trichromes à images séparées.

Bichromie. — Une solution moins complète, mais plus simple et de réalisation plus facile que les précédentes, est actuellement fournie par la bichromie. Ce procédé consiste à limiter les couleurs composantes à deux seulement, le rouge et le vert.

En fait, l'appareil de prise des vues et l'appareil de projections sont disposés comme nous l'avons indiqué pour la trichromie par images successives, avec cette différence que le disque tournant ne porte que deux écrans sélecteurs. Il n'y a ainsi que deux sortes d'images, et la vitesse d'entraînement usitée en cinématographie monochrome est seulement doublée. C'est sur ce principe qu'est fondé le procédé exploité sous le nom de *Kinémacolor*.

La bande négative est recouverte d'une émulsion *panchromatique*, c'est-à-dire rendue aussi sensible que possible aux radiations rouges et vertes. Elle est déroulée, au foyer de l'objectif, à raison de 32 images par seconde, et l'obturateur est remplacé par un disque (*fig.* 58) qui ne tourne que de 180° à chaque image. Deux secteurs opaques y alternent avec deux secteurs transparents, colorés l'un en rouge et l'autre en vert.

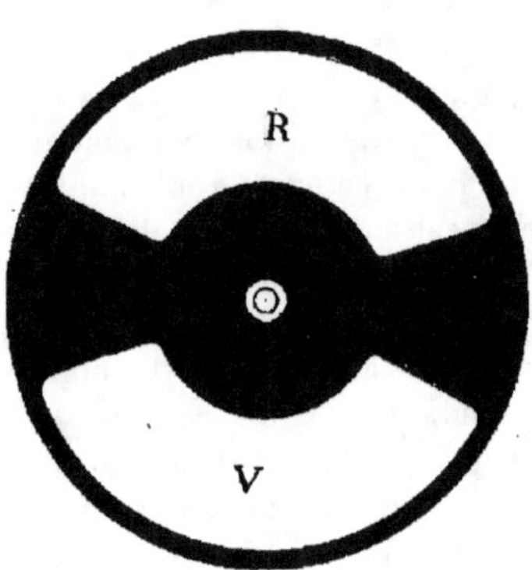

Fig. 58. — Obturateur et écrans de sélection bichrome.

Au moment où le film avance, l'un des secteurs opaques intercepte la lumière ; puis, quand la bande est immobilisée, l'un des secteurs transparents, R par exemple, laisse passer les radiations rouges. Le second secteur opaque vient ensuite fermer l'objectif, le film avance de nouveau, puis s'arrête, et le secteur transparent V laisse passer les radiations vertes.

On a donc une série d'images alternativement impressionnées par les radiations rouges et par les radiations vertes.

Les négatifs obtenus de la sorte servent à imprimer des bandes positives qui seront projetées à raison de 32 images par seconde, la lumière étant périodiquement interceptée par un obturateur à secteurs opaques et à secteurs transparents, alternativement rouge et vert.

Ce n'est là, évidemment, qu'une solution provisoire de la cinématographie en couleurs. Cette combinaison simplifiée a cependant réalisé des effets très intéressants, bien que la suppression d'une des trois couleurs fondamentales ne permette pas de reproduire exactement toutes les nuances.

TABLE DES MATIÈRES

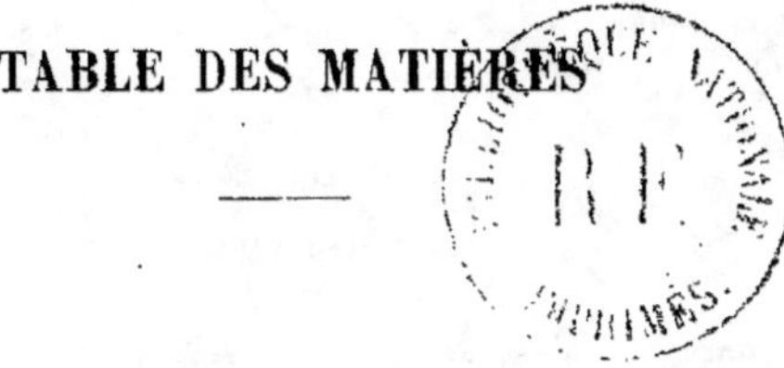

Plus de cent succursales, agences et sous-agences

EN FRANCE & A L'ÉTRANGER

TOURS
45, rue des Halles

DIJON
10, place des Ducs

BORDEAUX
54, rue d'Arès

LILLE
4, rue Depas

REIMS
25, rue Cérès

TOULOUSE
10, rue Bayard

TUNIS
33, rue Es Sa dei Kia

AMSTERDAM
42, Raadhuisstraat

BARCELONE
43, paseo de Gracia

LISBONNE
Avenida da Libertada, 18-2°

BERLIN
235, Friedrichstrasse

COPENHAGUE
Vimmelskaftet, 47I

LONDRES
103-109, Wardour-Street

MILAN
11, Via Settembrini

MOSCOU
38, Tverskaïa

HELSINGFORS
M. Erick-Estlander

KIEW
Kreschiatik, 25

ODESSA
Diribassowskaïa, 10

ROSTOFF
Rue Grande-Sadovaïa, 33

SAINT-PÉTERSBOURG
Nicolaiewskaia, 10

VARSOVIE
Marszalkowska

BAKOU
Rue Birjevaïa

VIENNE
1, Dominikaner-Bastei, 8

BUCAREST
Calea Victorici, 14

BUDAPEST
IV Ferenez Jozsef-Rakpart, 26

MELBOURNE
50, Queen Street

JERSEY CITY
Congress Street

SINGAPOUR
19, Stamford Road

BATAVIA
Ryswick, 14, Weltevreden

BOMBAY
Hornby road 35-37

MANILLE
Escoltas, 130

SAIGON
Rue Poulo-Condor, 19

STOCKHOLM
Kungsgatan, 7

CHRISTIANIA
Nedre Stoltsgade, 13

ZURICH
2, Gerbergasse

BELGRADE
Rue Prince-Michel, 41

BRUXELLES
Rue de Malines, 26-28

BUENOS-AIRES
Avenida de Mayo

LE CAIRE
Boulevard Abbas, 123

CONSTANTINOPLE
467, Grande Rue de Péra

KIOTO

MEXICO

RIO-DE-JANEIRO **ROME** **SANGHAI** **SMYRNE**

PARIS, PROVINCE & COLONIES FRANÇAISES

Vente et Location d'Appareils et Films

104, rue de Paris — VINCENNES — Téléph. : 934-95

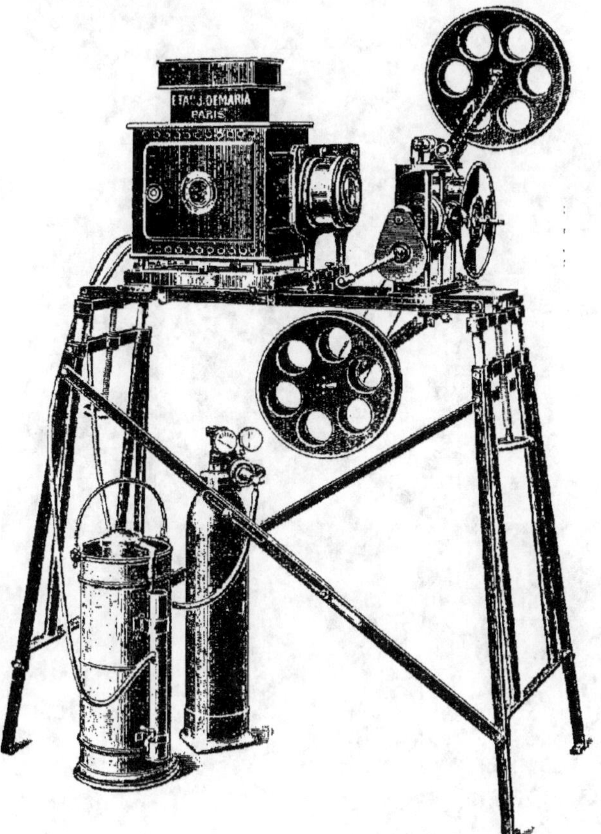

POSTE PATHÉ
45/50 AMPÈRES

Le Poste complet : 800 francs

30, boulevard des Italiens - PARIS ✤ 104, rue de Paris - VINCENNES

LE
Poste 10 Ampères
PATHÉ FRÈRES

établi après une minutieuse
étude du dispositif optique, permet d'obtenir

à une distance de 20 mètres,
un écran de 4 mètres d'une netteté parfaite
et merveilleusement éclairé.

La lampe à arc est alimentée, soit par le courant du secteur, soit, à son défaut, par la dynamo de notre groupe électrogène 70 volts, 10 ampères.

RENDEMENT MAXIMUM
MINIMUM DE DÉPENSES

telles sont les principales qualités de ce Poste que nous recommandons d'une façon toute spéciale à notre Clientèle.

GROUPE ÉLECTROGÈNE PORTATIF

PATHÉ FRÈRES

70 Volts

10 Ampères

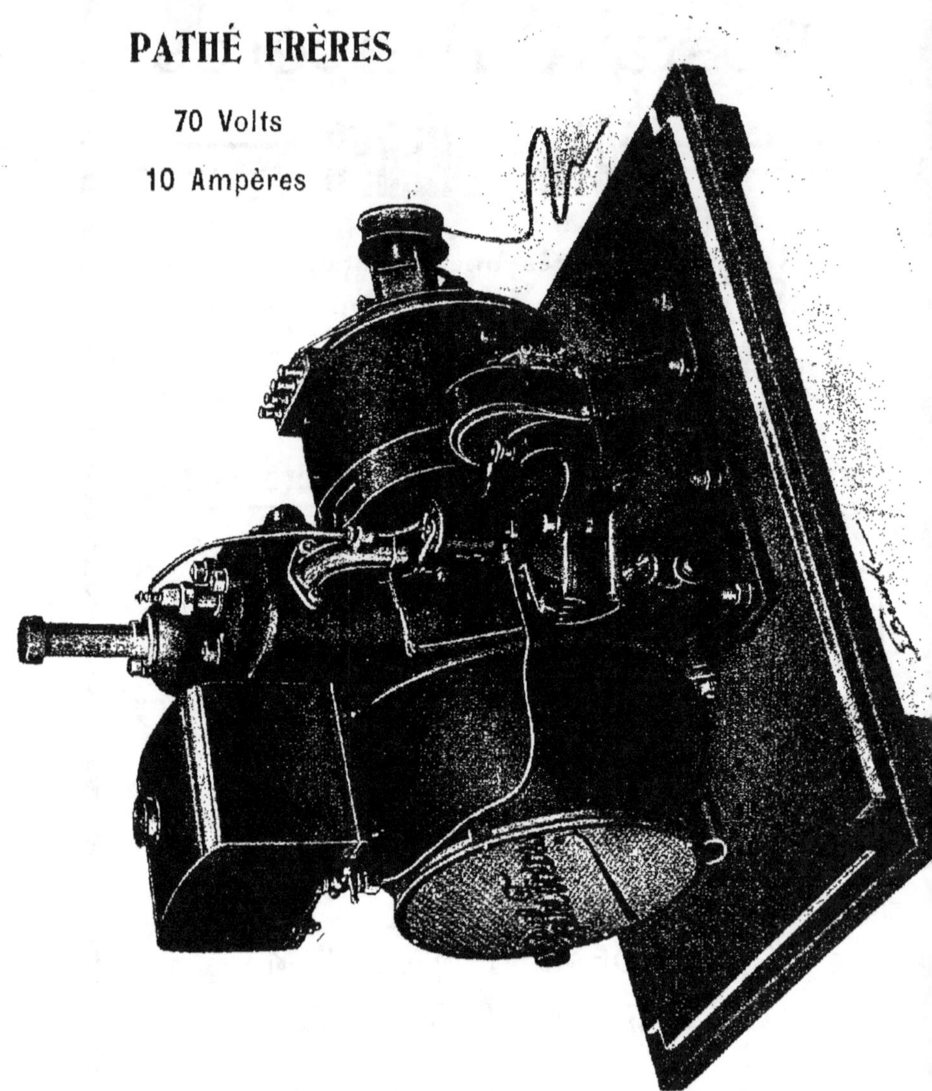

Prix : 1.400 francs

30, Boulevard des Italiens - Paris ⚹ 104, Rue de Paris - Vincennes

Projecteur PATHÉ

(Modèle 1913)

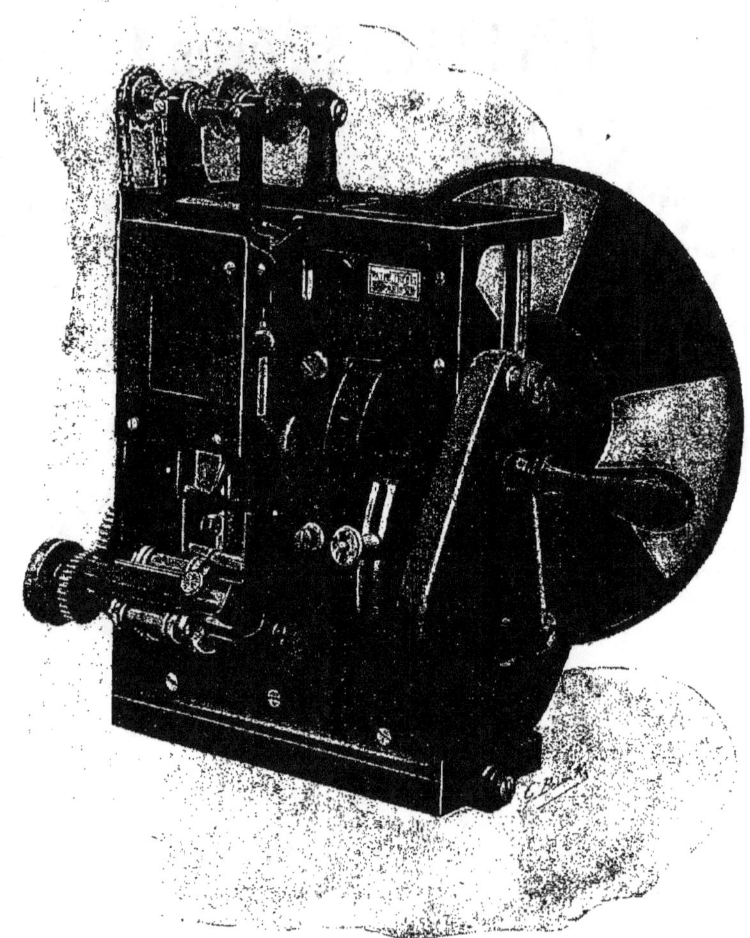

Prix avec volet automatique : 355 francs

30, boulevard des Italiens, PARIS — 104, rue de Paris, VINCENNES

Une Merveille de Mécanique de Haute Précision

c'est le

Projecteur PATHÉ

(Modèle 1913)

LE SEUL

Ayant obtenu **la plus haute récompense** aux
Expositions universelles de Vienne et de Berlin

Fixité Absolue - Simplicité - Solidité

Maximum de Lumière - Minimum d'Encombrement

Usure Nulle

Telles sont les Principales Qualités du PROJECTEUR PATHÉ

(Modèle 1913)

LE PLUS PARFAIT! LE MOINS CHER!

de tous les Appareils de Projection

VOIR LA DESCRIPTION DÉTAILLÉE DE CET APPAREIL

dans notre

CATALOGUE GÉNÉRAL 1913

d'Appareils et Accessoires

"CINÉMA"

ANNUAIRE DE LA PROJECTION

FIXE ET ANIMÉE

PARIS, 118, rue d'Assas, PARIS 6e. — *Téléph.* 811-90.

Cet ouvrage comporte :

1º Une *Liste générale* de toutes les personnes appartenant à la corporation cinématographique, classées par ordre alphabétique, avec leur profession principale, l'adresse complète, le numéro de téléphone, l'adresse télégraphique, etc... ;

2º Une liste de tous les *Fabricants et Négociants* d'articles de projections fixes ou animées, classés par chapitres (250) en cinq langues : Français, Anglais, Allemand, Italien et Espagnol ;

3º Une liste des *Marchands de Fournitures cinématographiques*, avec leur adresse ;

4º Une liste des *Exploitants* du Cinématographe, classés par ordre alphabétique, avec leur adresse ;

5º Une liste des *Opérateurs*, classés par ordre alphabétique, avec leur adresse ;

6º Une liste générale de *Marques* ou *Noms* donnés aux appareils, lanternes, films, accessoires ou produits employés en cinématographie, avec indication de la Maison qui fournit ces articles ;

7º Un Calendrier des *Foires* et *Fêtes patronales* avec les renseignements nécessaires aux Exploitants désireux d'installer un Cinématographe ;

8º Un Aide-Mémoire de l'opérateur cinématographiste ;

9º Des Renseignements industriels et commerciaux.

Toute personne appartenant à la corporation cinématographique a droit GRATUITEMENT à ses NOM et ADRESSE :

1º *A la Liste générale alphabétique ;*
2º *Au Chapitre se rapportant à sa profession ;*
3º *A la suite de chacune de ses marques ou spécialités.*

CHAMBRE SYNDICALE FRANÇAISE

DE LA

CINÉMATOGRAPHIE

et des Industries qui s'y rattachent

Certificat d'Aptitudes professionnelles

DES

Opérateurs Projectionnistes
 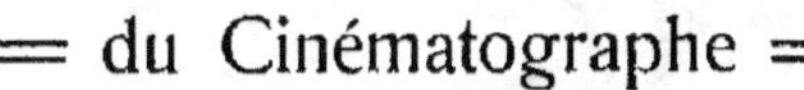 
= du Cinématographe =

• RÈGLEMENT GÉNÉRAL •

Les candidats au Certificat d'aptitudes professionnelles des opérateurs projectionnistes devront adresser par écrit leur demande à M. le Président de la Chambre syndicale, Paris, qui les avertira du jour où ils devront se présenter pour l'examen.

En même temps que leur demande, ils devront indiquer exactement leur nom, âge, nationalité et y ajouter les références et certificats dont ils peuvent faire état.

Les examens se composeront d'une épreuve manuelle et d'un examen oral suivant le programme détaillé.

C'est principalement sur l'épreuve manuelle et la connaissance parfaite des prescriptions préfectorales que l'attention des candidats est appelée.

Nous avons l'avantage d'informer MM. les candidats au Certificat d'aptitudes professionnelles des opérateurs projectionnistes du cinématographe qu'ils trouveront toutes les réponses aux questions qui peuvent leur être posées, les tableaux qu'il leur sera demandé d'établir, des figures des appareils dont ils devront donner la description, dans l'ouvrage de M. Kress qui vient de paraître spécialement dans ce but et qui a pour titre :

CATÉCHISME DE L'OPÉRATEUR DE CINÉMA

*Un volume de 128 pages, format de poche, sous élégante couverture souple : **2 fr.***

CHARLES-MENDEL, Éditeur, 118 et 118bis, rue d'Assas, PARIS

Appareil PATHÉ à Cadrage Fixe

(Modèle 1913)

Cᴇᴛ Aᴘᴘᴀʀᴇɪʟ, **tout spécialement adapté aux besoins de l'exploitation actuelle,** est remarquable par la **robustesse** et le **fini d'exécution** de ses organes.

Iʟ ᴘᴏssèᴅᴇ **tous les perfectionnements** des types qui l'ont précédé, auxquels il joint les avantages suivants :

LE PROJECTEUR EST A CADRAGE FIXE

La source lumineuse, l'objectif et
la fenêtre restent toujours fixes.

Le Tambour denté de Croix de Malte

est instantanément démontable

Les opérations de démontage et de mise en place
s'effectuent sans l'aide d'aucun outil et sans
démonter inutilement aucune autre pièce.

En résumé, tout contribue à faire de ce Projecteur

LE TYPE DE L'APPAREIL PROFESSIONNEL

VOIR LA DESCRIPTION DÉTAILLÉE DE L'APPAREIL

dans notre

CATALOGUE GÉNÉRAL 1913

d'Appareils et Accessoires

PROJECTEUR PATHÉ

"Type anglais" à cadrage fixe - Modèle 1913

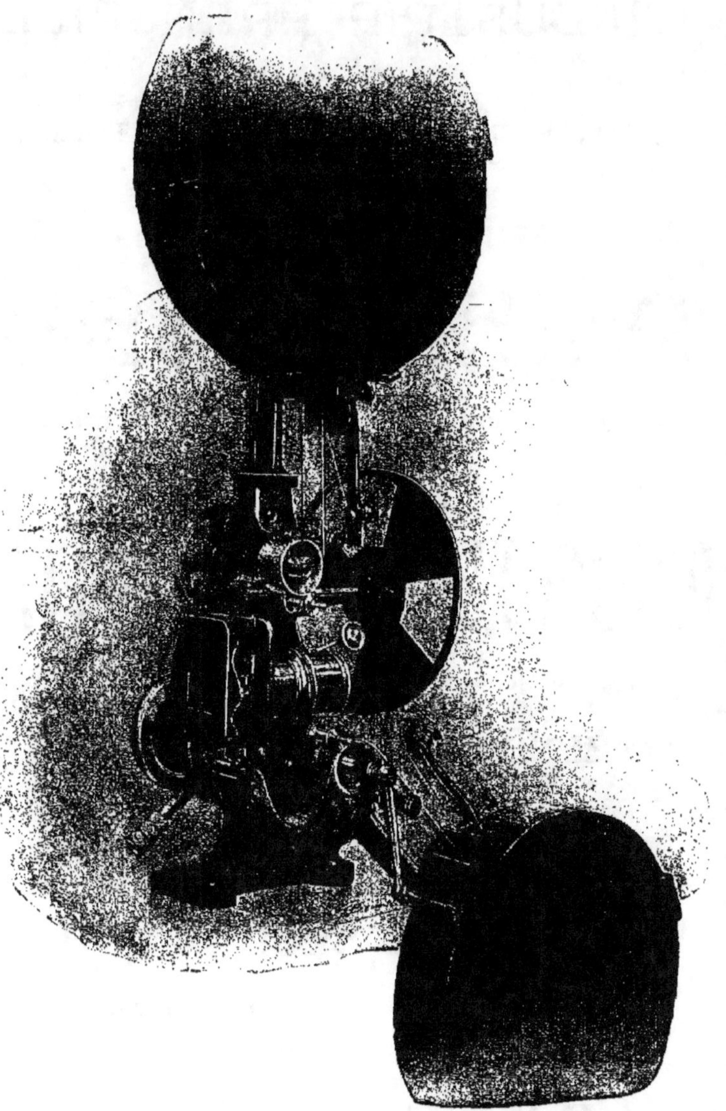

NET : 420 FRANCS

Appareil Prise de Vues Professionnel
PATHE FRÈRES
avec Objectif " VOIGTLANDER " Viseur, 2 Boîtes Magasin
PRIX : 1.300 FRANCS
30, Boulevard des Italiens (Paris)
104, Rue de Paris (Vincennes)

APPAREIL PRISE DE VUES PROFESSIONNEL

PATHÉ FRÈRES

Longueur : 230 $^{m/m}$

Largeur : 168 $^{m/m}$

Hauteur : 307 $^{m/m}$

Construction en bois gainé, avec Planchette avant mobile, de façon à permettre de vérifier le mécanisme et de régler l'Obturateur.

COULOIR EXTENSIBLE
(Breveté S. G. D. G.)

permettant à toutes les sortes de pellicules de passer régulièrement devant la fenêtre, d'où Fixité absolue à la Projection.

OBJECTIF " VOIGTLANDER "
(Type Héliar)

de 51 $^{m/m}$ de foyer, travaillant à F 4,5, permettant d'opérer par les temps les plus sombres

FONDU AUTOMATIQUE
(Breveté S. G. D. G.)

permettant de faire disparaître ou apparaître automatiquement les vues en « fondu », sans connaissances spéciales.

OBTURATEUR

donnant le maximum de rendement au point de vue photographique.

Voir la Description détaillée de notre Appareil de Prise de Vues

dans notre

CATALOGUE GÉNÉRAL 1913

d'Appareils et Accessoires

Appareil Prise de Vues Professionnel

PATHÉ Frères

TYPE LÉGER

Modèle 1913

Prix : 1.400 francs

30, Boul. des Italiens (Paris)　　104, Rue de Paris (Vincennes)

APPAREIL PRISE DE VUES

PROFESSIONNEL PATHÉ FRÈRES

TYPE LÉGER

Modèle 1913

Cet Appareil possède **tous les avantages** de notre Appareil Prise de Vues normal, mais il est

PLUS LÉGER ET MOINS ENCOMBRANT

Son Chargement et sa Mise au Point

sont extrêmement Rapides

L'APPAREIL, POURVU D'UN COMPTEUR ET D'UN VISEUR

est fourni avec

Objectif "VOIGTLANDER" et deux Boîtes Magasin

LA
SOCIÉTÉ DES ÉTABLISSEMENTS GAUMONT

Au Capital de 4 millions de francs

FOURNIT EN LOCATION :

Les Appareils GAUMONT

Les Films documentaires GAUMONT

Les Films coloriés GAUMONT

Les Comédies GAUMONT

Les Drames GAUMONT

Les Films Artistiques GAUMONT

Et grâce à eux les Exploitants peuvent assurer un spectacle cinématographique hors de pair.

Pour tous RENSEIGNEMENTS

s'adresser au

Comptoir Ciné-Location Gaumont

28, Rue des Alouettes, 28

PARIS

Adresse télégraphique : CINELOKA

TÉLÉPHONE : NORD 51-13
40-97
14-23

Neuvième Conférence

COMMENT ON INSTALLE

et administre

un CINÉMA

PAR

E. KRESS

Une brochure format 13/20 (*franco* **0.85**) **0.75**

Cette brochure renferme le texte de la neuvième Conférence consacrée par M. Kress aux principes de la technique théâtrale du film, à la demande du *Syndicat des Auteurs et Gens de Lettres*.

Elle contient des notions nombreuses et variées sur les nécessités de construction et d'aménagement des salles, sur les formalités et règlements imposés aux exploitants par l'Administration pour la sécurité des spectateurs ; sur l'installation de la cabine de l'opérateur ; sur le choix, la valeur relative et les avantages pratiques et économiques des divers systèmes d'éclairage pouvant être utilisés suivant les circonstances ; elle fournit des détails curieux sur l'obtention des bruits de coulisses et leur adaptation au caractère des films projetés ; elle mentionne les procédés permettant la projection en salle éclairée ; elle présente enfin des aperçus intéressants sur l'administration d'un cinéma, l'organisation de sa publicité, l'exploitation d'un cinématographe forain.

Ce rapide aperçu montre la diversité des matières abordées par l'auteur et permet de constater qu'il a consciencieusement rempli le programme qu'il avait tracé pour cette conférence.

Comptoir d'Édition de "Cinéma-Revue"

Bibliothèque Générale de Cinématographie

118 et 118bis, Rue d'Assas, PARIS

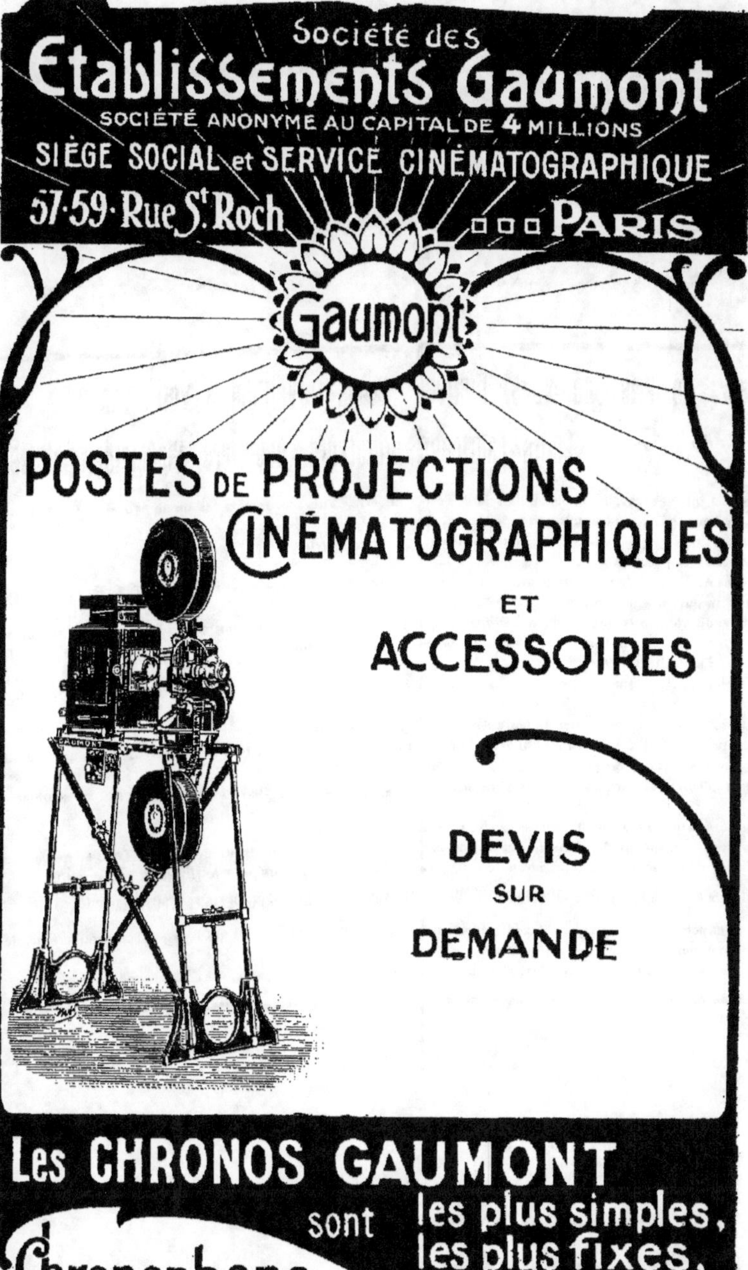
Société des
Etablissements Gaumont
SOCIÉTÉ ANONYME AU CAPITAL DE 4 MILLIONS
SIÈGE SOCIAL et SERVICE CINÉMATOGRAPHIQUE
57-59-Rue St Roch □□□ PARIS
Gaumont
POSTES DE PROJECTIONS
CINÉMATOGRAPHIQUES
ET
ACCESSOIRES
DEVIS
SUR
DEMANDE
Les CHRONOS GAUMONT
sont les plus simples,
les plus fixes,
les plus robustes.
Chronophone

BIBLIOTHÈQUE GÉNÉRALE DE CINÉMATOGRAPHIE

BULLETIN DE COMMANDE

à remplir et à retourner 118 et 118 bis, rue d'Assas, à Paris

Pour chaque ouvrage choisi, ressortir le prix dans la colonne et faire ensuite le total

La Cinématographie pour tous. — Une brochure illustrée de nombreuses figures explicatives (100 pages). **0 75**

Catéchisme de l'Opérateur de Cinéma. — Un volume de 128 pages, format de poche, sous élégante couverture souple. . . . . . **2 »**

Les Notes pratiques du Cinématographiste. — Un volume format 16 × 25, illustré de nombreuses figures (64 pages). . . **0 75**

Conférences sur la Cinématographie. — Tome I. — La prise de vues, les appareils, le plein air, le théâtre. Un volume broché; tranches jaspées (220 pages). . . . . **3 »**

Aide-Mémoire du Cinématographiste. — Un volume format 16 × 25 constituant un recueil de recettes, procédés, formules, conseils, etc. **0 75**

Traité Général des Projections :

Tome I. — Description des appareils et installation générale. Un volume grand in-8° de 400 pages, illustré de 185 gravures. . **7 50**

Tome II. — Projections scientifiques. Un volume in-8° de 280 pages avec 137 figures et 1 planche hors texte. **4 50**

Le Cinématographe devant le droit. — Un volume broché (140 pages).. . . . . **1 50**

Comment on installe et administre un Cinéma. — Une brochure de 36 pages utile à ceux qui veulent monter et diriger une exploitation cinématographique. **0 75**

L'Appareil de projection cinématographique. — Une brochure illustrée de nombreuses figures comportant plusieurs tableaux . . . . **1 »**

« Cinéma », Annuaire de la projection fixe et animée. — Un fort volume, 400 pages, format 16 × 25. . . . . **6 25**

« Cinéma-Revue ». — Publication mensuelle d'informations cinématographiques. Abonnement annuel.. . . . . **1 25**

Catalogue de la Bibliothèque Générale de Cinématographie

(Pour le recevoir, indiquer d'une croix dans la colonne). . . . . .

TOTAL. . . . .

Ajouter 10 0/0 pour frais de port et emballage. . . . .

Ci-joint mandat-poste de .... , *montant de la commande ci-contre, que vous adresserez à :*

M ....

L'ELGÉPHONE=BLOC
Gaumont
est le
plus
PUISSANT
et le
MEILLEUR
des
PHONOGRAPHES
Gaumont
Société des Etablissements Gaumont
SOCIÉTÉ ANONYME — CAPITAL : 4 MILLIONS DE FRANCS
Siège Social et Service Cinématographique : 57-59, rue Saint-Roch — PARIS
TÉLÉPH.-CENTRAL 30-87 86-45
ADRES. TÉLÉGR.
OBJECTIF-PARIS

Les plus importantes Manufactures d'Optique
et d'Appareils pour la Projection et le Cinématographe

G. GUILBERT

Téléphone
ROQ. 12-27

4, allée Verte. — PARIS

Télégrammes
SPHEROCYLS-PARIS

59, Boulevard Richard-Lenoir — Métro-Richard-Lenoir
58, Rue Saint-Sabin

SUCCURSALES :

LONDRES, 40, Hatton Garden. — BRUXELLES : 18, rue Grisar.

La Maison G. Guilbert, formée par la réunion des usines d'optique Hoffmann-Mazeau et de l'importante Manufacture d'Appareils de Projection Romanet et Guilbert, est spécialement bien placée pour étudier tous les problèmes d'optique et de mécanique relatifs au Cinématographe, et elle a apporté des perfectionnements très importants dans la technique cinématographique.

Lors de l'Exposition Cinématographique de Londres, en mars 1913, les créations de la Maison G. Guilbert ont, à juste titre, été remarquées par les connaisseurs et elles ont valu à cette maison, la flatteuse distinction

HORS CONCOURS — MEMBRE DU JURY

Catalogues et devis sur demande aux Exploitants, Loueurs, Revendeurs

Comprenant :

1 Mécanisme modèle C avec boîtes protectrices.
1 Table métallique pliante, à quatre volants.
1 Lanterne Grand Modèle à dôme à charnières.
1 Tableau distributeur de courant.
1 Lampe à arc à mouvements universels.

''CINÉMA''

ANNUAIRE DE LA PROJECTION

FIXE ET ANIMÉE

PARIS, 118, rue d'Assas, PARIS 6e. — *Téléph.* 811-90.

Cet ouvrage comporte :

1º Une *Liste générale* de toutes les personnes appartenant à la corporation cinématographique, classées par ordre alphabétique, avec leur profession principale, l'adresse complète, le numéro de téléphone, l'adresse télégraphique, etc... ;

2º Une liste de tous les *Fabricants et Négociants* d'articles de projections fixes ou animées, classés par chapitres (250) en cinq langues : Français, Anglais, Allemand, Italien et Espagnol ;

3º Une liste des *Marchands de Fournitures cinématographiques*, avec leur adresse ;

4º Une liste des *Exploitants* du Cinématographe, classés par ordre alphabétique, avec leur adresse ;

5º Une liste des *Opérateurs*, classés par ordre alphabétique, avec leur adresse ;

6º Une liste générale de *Marques* ou *Noms* donnés aux appareils, lanternes, films, accessoires ou produits employés en cinématographie, avec indication de la Maison qui fournit ces articles ;

7º Un Calendrier des *Foires et Fêtes patronales* avec les renseignements nécessaires aux Exploitants désireux d'installer un Cinématographe ;

8º Un Aide-Mémoire de l'opérateur cinématographiste ;

9º Des Renseignements industriels et commerciaux.

Toute personne appartenant à la corporation cinématographique a droit GRATUITEMENT à ses NOM et ADRESSE :

1º *A la Liste générale alphabétique ;*
2º *Au Chapitre se rapportant à sa profession ;*
3º *A la suite de chacune de ses marques ou spécialités.*

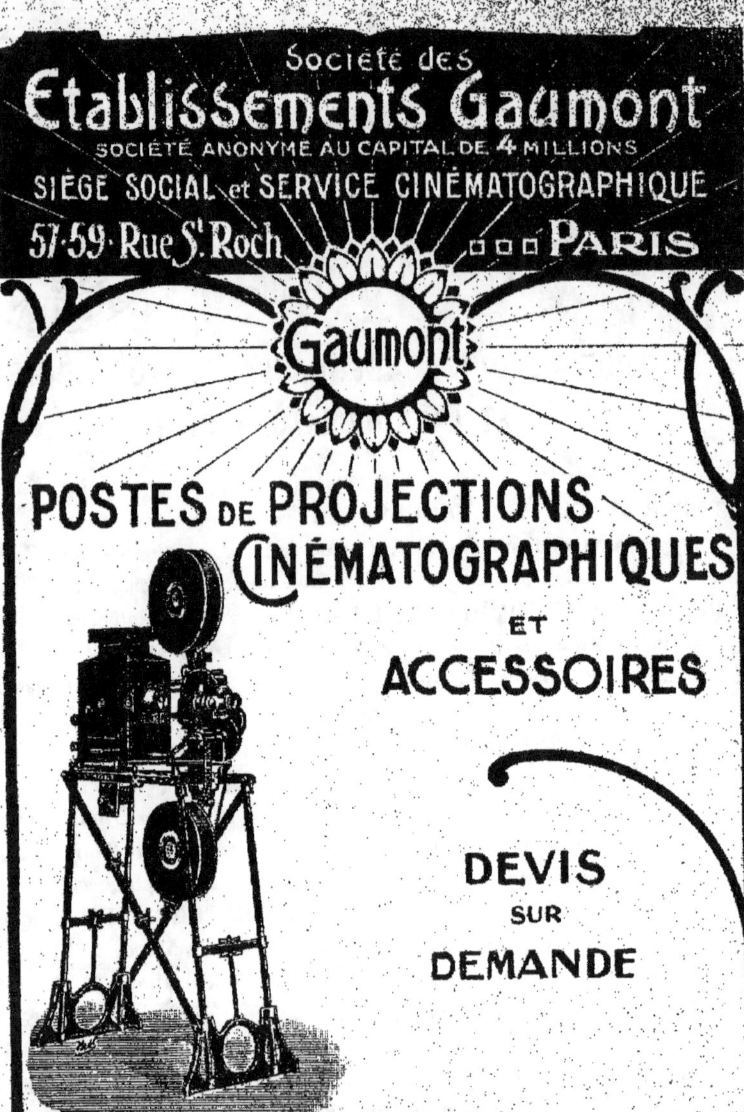

Société des
Etablissements Gaumont
SOCIÉTÉ ANONYME AU CAPITAL DE 4 MILLIONS
SIÈGE SOCIAL et SERVICE CINÉMATOGRAPHIQUE
57-59 Rue St Roch ◦◦◦ PARIS
Gaumont
POSTES DE PROJECTIONS
CINÉMATOGRAPHIQUES
ET
ACCESSOIRES
DEVIS
SUR
DEMANDE
Les CHRONOS GAUMONT
Chronophone
sont les plus simples,
les plus fixes,
les plus robustes.

www.ingramcontent.com/pod-product-compliance
Lightning Source LLC
LaVergne TN
LVHW020129060726
842526LV00004B/1324

* 9 7 8 2 0 1 9 9 8 7 2 5 1 *